평범한 당신도 할 수 있는

부동산 투자로
완성하는
부의 사다리

평범한 당신도 할 수 있는

부동산 투자로
완성하는
부의 사다리

평지조아 지음

매일경제신문사

안녕하세요. 소 잃기 전에 외양간 고치는 '평지조아'입니다

프롤로그의 제목은 무엇이든 조심하고 확실하게 투자하기 위해 만든 나의 블로그 첫 문구이자 투자 모토다.

나의 부동산 첫 매수는 2017년이고, 그때부터 부동산 투자 인생이 시작됐다. 하지만, 첫 매수를 진행하기까지 다독을 하고 임장을 다니며, 1년이 넘는 투자를 위한 준비 기간이 있었다. 확고한 나만의 방식과 투자 철학이 없는 상태에서 투자를 하는 것만큼 위험한 것이 없다고 생각했기 때문이다. 길다면 길고 짧다면 짧은 나의 부동산 투자 인생에서 그래도 큰 실패 없이 수십 번 부동산을 사고팔고 할 수 있었던 이유도 오랜 준비 기간과 기본 다지기에서 나왔다. 항상 데이터를 분석하고 현장에서 확인하고, 과거 데이터를 복기하면서 내가 생각하는 많은 조건들이 맞다고 생각하면 투자를 진행했다. 그리고 십수 채의 부동산을 보유하고 있는 지금도 그 공부를 게을리하지 않고 있다.

내가 보수적인 부동산 투자를 해야겠다고 생각한 다른 이유는 부동산 투자를 오래 한 선배들에게서 찾은 한 가지 공통점 때문이다. 20년 이상 투자를 이어온 진정한 투자자들은 자금 수준의 무리가 가는 위험한 투자나 테마성 상품 투자를 절대 권하지 않는다. 내가 부동산이 활황이던 2020~2021년에 단 한 번도 생활형 숙박 시설, 하이엔드 오피스텔이나 공시지가 1억 원 이하 투자를 권하지 않은 이유다. 단기 성과를 위해 테마 상품이나 온갖 대출을 다 끌어서 쓰는 공격적인 투자를 하는 분들을 쫓아다니다 보면, 어느새 썰물이 빠지는 시기를 놓치고 갯벌에서 홀로 서 있는 자신을 발견할 수 있을 것이다.

　2022년에 갑작스럽게 찾아온 큰 부동산 가격 하락은 많은 부동산 투자자들과 '영끌'로 주택을 매수한 사람들을 당황하게 만들었다. 하지만, 처음부터 보수적인 부동산 포트폴리오를 가지고 있던 사람들은 큰 문제가 없었다. 나 역시 내 블로그에서 적은 내용을 지키고 있었기에 위기를 큰 문제없이 지나갈 수 있었고, 주택 갈아타기를 통해 오히려 내 부동산 포트폴리오를 강화하는 계기로 만들었다.

　부동산 상담 프로그램을 운영한 지 어느새 4년이란 시간이 흘렀고, 1:1 개인 부동산 상담을 함께한 분들이 300명이 넘는다. 이 시간은 내가 간접 경험으로 성장한 중요한 시간이기도 하다. 내가 상담을 하면서 느낀 것은 사람들마다 각자 기준도 다르고 상황도 다르다는 것이다. 그렇기에 자기 자신을 잘 알아야 한다. 아직 자녀가 없는 탄탄한 맞벌이 부부가 3억 원 대출을 받고 5억 원짜리 주택을 매수하는 것과 외벌이 초등학생 자녀 둘을 둔 부부가 똑같이 3억 원 대출을 받아서 5억 원짜리 주택을 매수하는 것은 같은 주택이더라도 매수 추천이 완전히 달라지게 된다.

어떤 분들은 뜯어말리고 싶을 정도로 투자를 적극적으로 하시고, 어떤 분들은 답답할 만큼 투자에 보수적이다. 그래도 내가 가장 잘한 일은 이런 사람들의 상황을 객관적으로 판단해서 적당한 투자를 할 수 있도록 권유했던 것이다. 만약, 나와 상담한 상품으로만 욕심내지 않고 부동산 포트폴리오를 구성했다면, 주택 시장 하락 기간을 그리 힘들지 않게 버틸 수 있었을 것이다.

하지만, 자신의 처한 상황은 스스로 가장 잘 알고 있다. 중요한 것은 언제까지 추천받는 주택을 매수할 것이며, 누구에게 의존하는 삶을 살아갈 것인가? 스스로 부동산 시장을 읽을 수 있는 힘을 길러야 한다.

나는 이 책을 통해 시대를 타지 않는 그런 투자 방법을 알려 드리려고 최대한 노력했다. 나의 투자 성과 이야기나 얼마를 벌었다는 자랑을 늘어 놓는 것은 부러움을 살 수 있을지는 모르지만, 여러분들에게 전혀 도움이 되지 않는다. 그래서 그런 내용은 최대한 빼고 **내가 깨달은 부동산 시장의 원리와 안전한 투자 방법을 최대한 알려 드리려고 노력했으니 이 내용만 실천해서 자기 것으로 만들어 부동산 시장에 접근하시면 좋겠다.**

완벽한 투자는 없다. 장기적으로 믿고 투자를 해야 하는 것이다. 그렇기 때문에 투자는 너무 무리해서는 안 된다는 점을 잊지 말고, 자신의 자금 포트폴리오에 잘 맞춰서 나아가자. 투자는 행복을 위해 하는 것이지 행복을 투자에서 찾으면 안 된다.

내가 지금도 잊지 못 하는 순간이 있다. 내가 늘 꿈꾸던 서울 중심부 한강변 아파트 단지를 입성하던 순간이다. 이는 내가 부동산 투자를 하면서 잡았던 첫 번째 목표였다. 그리고 나는 여전히 부동산 투자와 근로소득의 양 바퀴로 다음 단계인 경제적 자유를 향해 나아가고 있다. 이 책을 읽는 독자분들도 나와 함께 꿈을 향해 나아갔으면 좋겠다.

평지조아 드림

차례

PART 09

수도권 부동산 매수, 여기를 주목하자 II

PART 10

2024년 이후 주택 입주 물량 전망

PART
01

우리가
부동산 투자를 해야 하는 이유

평범한 우리도
쉽게 자산을 불릴 수 있는 방법이 부동산이다

　결혼 전만 해도 나는 부동산에 무지한 사람이었다. 집에서 독립해서 따로 살아본 적이 없으니 월세나 전세 계약 한번 해본 적 없었고, 어디가 더 좋은 동네인지 구분할 줄 모르는 정말 이쪽 분야에는 무지한 사람이었다. 결혼할 때도 어디서부터 어떻게 주택을 구해야 하는지도 몰라서 와이프 손에 이끌려 전셋집을 이리저리 같이 보러 다녔다. 이 책을 통해 나보다 이런 쪽에 먼저 눈이 트여 있던 와이프에게 정말 고맙다는 말을 하고 싶다.

　첫 번째 전셋집을 구하면서 머리털 나고 처음으로 주택 등기부등본이라는 것을 봤다. 이게 무슨 외계어들이지 하는 순간, 부동산 중개사무소 소장님이 말씀하셨다.

　"등기부등본을 보시면 알겠지만 융자 안 껴 있는 깨끗한 집이에요."
　"네…(등기부등본? 이것은 뭐지…) 문제없는지 잘 봐주세요."

"소유자는 ○○○씨로 되어 있어요. 그런데 딸 명의로 엄마가 사 놓은 거라서 딸이 직접 올 수 있을지 시간을 맞춰봐야 한다네요."

"네…(딸 명의로 서울 아파트도 사고 완전 부자네)."

소유자는 20대 중반의 딸이라고 한다. 비록 낡기는 했지만, 서울시 성동구 한강변에 위치한 아파트를 소유하고 있다니 너무 부러웠다.

자료 1-1. 나의 첫 신혼집-성동구 응봉동 구축 아파트 (출처 : 네이버 지도뷰)

그런데 집에 돌아와서 등기부등본이 무엇인지 속성으로 공부하고, 매도자의 등본 내용을 보니 다른 것들이 보이기 시작했다. 소유자 매수가격은 1년 전 3.3억 원, 이전 임차인 전세가격은 2.8억 원이었다. 현재 내전세가격은 2.9억 원으로, 이 소유자는 당시 5,000만 원으로 집을 1채매수한 것이다.

| 매매가격
3.3억 원 | 전세가격
2.8억 원 | 갭
0.5억 원 |

이게 말로만 듣던 갭 투자다. 매매가격과 전세가격의 차이만큼만 돈을 내고 주택을 매수하는 투자 방법이다. 당시 전셋집을 구하는 우리 부부의 총자산은 2억 원 정도였다. 그 말은 나 같은 사람도 마음만 먹으면 집을 4채나 살 수 있었다는 뜻이다.

다음에 만난 부동산 중개사무소 소장님은 이 주택 소유자에 대한 다른 정보도 주셨다.

"엄마가 여기 단지에만 아파트를 3채나 가지고 있는데, 전부 작년 초에 샀어. 2채는 첫째 딸 명의로 되어 있고, 이거는 둘째 딸 명의로 된 집이고…."

당시 서울의 부동산 시장은 조금씩 살아나던 시기였고, 한발 빠르게 움직인 이분은 성동구 한강변 구축 아파트를 3채나 딸 명의로 매수한 것이다. 이미 매수 당시보다 매매가격은 2,000~3,000만 원이 오른 상태였다. 심지어 전세가격도 올라주니 투자금은 계속 회수하고 있는 것이다.

이분의 실제 재산 상태는 정확히 알지 못한다. 하지만, 확실한 것은 투자에 대한 감각이나 부동산 시장을 읽는 시야는 확실히 있는 분이었다.

매매가격
3.3억 원

→

매매가격
3.6억 원

차익
0.3억 원 x 4채
= 1.2억 원

　　매매가격과 전세가격의 차이를 이용한 레버리지 투자 효과가 정말 엄청나다는 것을 느꼈다. 또한, 부동산 참여자로서 우리는 '나의 자산의 레버리지를 일으킬 것이냐? 아니면 투자자(주택 임대인)의 레버리지에 협조를 할 것이냐?'를 선택해야 한다는 것을 깨달았다.

　　첫 신혼집 전세를 구하면서 들은 투자자의 이야기는 결국 내가 갭 투자에 눈을 뜨게 만든 계기가 됐다. 부자가 되고 싶다면 많은 투자 방법이 있다. 물론, 역전세의 위험도 있지만 철저히 조사하고 안전하게만 움직인다면, 부동산 투자만큼 매력적인 투자도 없다고 생각한다. 주거는 의식주 중 하나이고, 앞으로 내가 나열할 방법들만 적용해도 돈을 벌 수 있는 간단한 투자 방법이기 때문이다.

아파트 매수 타이밍 한 번이
당신의 재산을 좌지우지한다

첫 신혼집 전세를 구한 후, 나는 부동산 투자에 대해 관심을 가지고 부동산 공부를 하기 시작했다. 부동산만 단편적으로 아는 게 중요한 게 아니라, 전반적인 경제 원리에 대한 이해가 필요하다고 생각해서 여유 시간이 있을 때마다 부동산뿐 아니라 경제나 재테크에 관련된 다수의 서적을 읽고 필기하며 정리했다. 당연히 남는 시간에는 임장을 다니고, 부동산 중개사무소에 들락날락하면서 부동산 현장 공부를 했다. 정말 일하고 자는 시간 빼고는 부동산과 관련된 생각만 한 것 같다.

그렇게 공부를 시작하고 1년 뒤부터 실거주 주택 및 투자 주택 매수를 진행했다. 당시, 서울의 부동산 시장이 살아나면서 조금씩 금액이 오르던 시기였는데 정말 매수가 어려웠다.

"매도자가 갑자기 마음을 바꿔서 안 판다고 하네요."
"집주인이 2,000만 원을 올려서 팔겠다고 하네요."

매수를 시도할 때마다 매도자의 마음이 바뀌면서 몇 개월간 적당한 금액의 주택을 매수하지 못한 것이다. 그러던 중 기회는 2017년 여름에 찾아왔다. 서울 부동산 시장을 향한 첫 규제가 시작되면서 집값이 잡힐 거라는 걱정에 상승하던 분위기가 주춤하던 것이었다. 나는 이 매수 타이밍을 놓치지 않았다. 2017년 매수한 이 주택은 3년 뒤 주택을 매도하기 전까지 가격이 크게 오르면서 첫 자산 증식 및 자신감의 발판이 됐다.

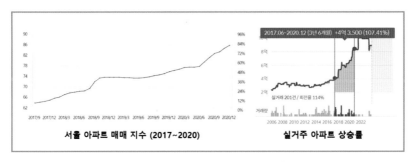

자료 1-2. 서울 아파트 매매지수(2017~2020년)와 실거주 아파트 상승률 (출처 : 호갱노노)

이때 가장 잘한 행동은 당시 저리의 국가 대출 이율을 이용해서 과감하게 주택 담보 대출을 추가로 받았다는 점이다. 부동산 투자를 이어가야 한다고 생각한 나는 추가 여윳돈이 필요했는데, 근로 소득으로는 한계가 있다고 느꼈다. 당시 받은 추가 대출금으로 시작한 갭 투자들은 다주택자로서 부의 상승 효과를 가져올 수 있는 기반이 된다.

다음 자료 1-3과 같은 예시가 상급지 갈아타기의 아주 좋은 예시다. 지금도 수도권 실거주 주택 1채와 투자 주택 1채 포트폴리오는 지금도 내가 가장 많이 추천하는 방법이다. 어떤 이들은 투자 주택에만 몰두하는 사람들이 있는데, 본인의 거주 환경이 어느 정도는 안정되어야 본인도 가족도 행복할 수 있다.

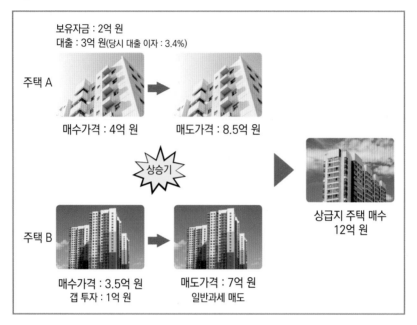

보유자금 : 2억 원
대출 : 3억 원(당시 대출 이자 : 3.4%)

주택 A

매수가격 : 4억 원 ➡ 매도가격 : 8.5억 원

상승기

주택 B

매수가격 : 3.5억 원 ➡ 매도가격 : 7억 원
갭 투자 : 1억 원   일반과세 매도

상급지 주택 매수
12억 원

자료 1-3. 부동산 투자로 상급지 갈아타기 (출처 : 필자 작성)

내가 만약 2017년 규제에 따른 하락이 두려워서 매수를 주춤했더라면, 추가 주택 담보 대출금을 통해서 투자 기반이 되는 자금을 만들지 못했더라면, 나의 자산 증식은 어려웠을 것이다. 그때부터 나는 저평가 지역을 찾아서 저평가 상품을 찾아서 부지런히 움직이기 시작했고, 부동산 법인도 설립하고 수십 번의 주택 거래도 진행했다.

하지만, 부의 증식을 위해서 나처럼 굳이 다주택자의 길을 걸을 필요는 없다. 일반 부동산 참여자라면 든든한 실거주 주택 1채와 투자 주택 1채를 찾을 수 있는 준비를 하자. 부동산 시장의 전반적인 공부뿐 아니라 투자 마인드와 자금의 준비도 필요하다.

　아파트 매수 한 번이 당신의 재산을 좌지우지한다. 잊지 말자. 부동산 시장은 사이클에 따라 움직인다. 분명히 기회는 다시 올 것이다. 그리고 그 기회를 놓치지 않기 위해서는 항상 준비를 해야 한다.

임차로만 살기로 한다면
부동산 공부가 필요 없을까?

한창 서울 주택 가격이 오르기 시작한 2018년 봄, 어느 모임에서 임차 만료가 다가온다는 무주택자 선배와의 대화 내용이다. 대부분의 경우, 나는 부동산 관련 이야기를 일체 하지 않고 오지랖을 떨지 않는다. 주택 매수를 권한다는 자체가 잘해야 본전이라는 것을 알기 때문이다. 그래도 이 선배는 내가 정말 좋아하는 선배였다.

"선배, 이번 기회에 집을 그냥 사는 건 어때요?"

"에이, 이미 많이 올랐잖아. 나는 그냥 전세 구하려고 해. 내가 전세 구할 때보다 오히려 지금 전세가 1,000~2,000만 원 더 싸던데? 어차피 전세를 계속 살면 굳이 집을 살 필요가 있나 싶어."

"지금은 서울과 경기도 입주가 많아서 전세가 싼 거예요(실제 2018년은 수도권 입주 물량이 최대치였다). 내년부터는 입주 물량이 줄어들어서 전세가격이 다시 오를 거 같은데, 대비하시는 게 좋지 않을까요? 장기적으로 보면 수도권 전세가격은 무조건 우상향이에요.”

“나는 주택을 사고 대출에 허덕이면서 사는 것보다 쓸 돈 쓰면서 살고 싶어. 전세가격이 올라야 얼마나 오르겠어?”

당시 선배가 했던 선택은 한창 송파구 헬리오시티 입주로 전세가격이 무너지고 있는 위례 신도시의 신축 아파트에 전세를 들어가는 것이었다.

그리고 당시 전세가격 변동은 자료 1-4와 같다.

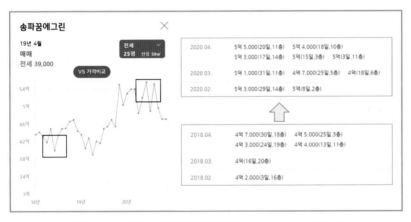

자료 1-4. 송파꿈에그린 전세가격 변동 (출처 : 아실, 네이버 부동산)

2018년 중반에 송파꿈에그린 아파트는 전세 시세가 4억 원 초반이었다. 그러나 2020년 중반에는 전세 시세가 5억 원 중반이 됐다. 이 선배는 자녀 문제, 직장 위치 문제 등 여러 가지 이유로 이사를 가기 쉽지 않은 상황이라 어쩔 수 없이 해당 비용만큼 전세금을 올려주고 재계약을 했어야 했다(참고로, 당시는 임차권도 없던 시기다).

주택 매수가격이 오르는 현상은 어차피 이 선배의 삶에 큰 영향을 미치지 않았다. 그냥 아쉬움만 남았을 뿐이고 귀를 닫고 살면 된다. 하지만, 임차가격이 오르는 현상은 당장 20% 거주비 상승이라는 효과로 피부에 와닿은 것이다.

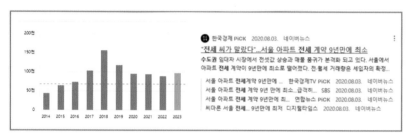

자료 1-5. 수도권 입주 물량 (출처 : <한국경제>, 그래프 : 아실)

수도권 입주 물량을 찾아보면 알겠지만, 이미 전세가격 상승은 예고되어 있었다. 2018년 입주 물량은 정점이었고, 이를 기점으로 입주 물량은 매년 감소하기 시작했기 때문이다.

임차인으로 산다고 부동산 공부가 필요하지 않을까? 사실 전세가격 흐름은 주변 입주 물량의 변화에 따라 많이 움직이기 때문에 해당 지역 미래 입주 물량에 대해 미리 공부만 한다면, 갑작스러운 임차가격 상승을 대비할 수 있다. 다시 한번 말하지만, 부동산 시장은 관심을 안 가지고 싶어도 무조건 시장 참여를 해야 한다. 변화하는 상황에 대응하기 위해서는 꾸준한 관심과 공부가 필요하다.

평범한 직장인이라면 부동산 투자를 하자

다른 사람들과 마찬가지로 나 역시 월요일에서 금요일까지 정규 시간에 맞춰 일하는 평범한 직장인이다. 하지만, 부동산 투자와 근로를 병행하는 것이 큰 부담은 아니었다. 부동산 투자의 가장 큰 장점은 많은 거래가 필요 없다는 것이다. 물론, 그 거래 한 번을 위해서는 많은 노력이 필요하지만, 어떤 사람들은 1년에 한두번의 거래만 해도 충분히 수익 효과를 누릴 수 있다. 또한, 법인으로 매수한 것이 아니라면, 한번 매수를 하면 세금 문제 때문에 짧아도 2년 이상 보유를 해야한다. 장기적인 투자 안목만 키운다면 부동산 투자는 평범한 직장인들의 가장 든든한 재테크 파트너가 될 수 있다. 앞으로 알려 드리는 투자 방법을 실습해서 꼭 본인 것으로 흡수하기를 추천한다.

PART

02

부동산 흐름의 기본,
입주 물량과 전세 움직임
파악하기

실수요자들의 움직임은 전세가격으로 파악할 수 있다

약 10년 전 '허니버터칩'이라는 과자가 크게 유행한 적이 있다. 당시 허니버터 맛이라는 것이 처음 시판되면서 엄청난 인기를 끌었는데, 이 과자를 구하기 위해서는 중고나라에서 4~5배의 웃돈을 주어야만 거래가 가능했다. 아마 내가 태어나서 본 가장 핫 했던 과자가 아니었나 싶다. 당시 이 과자는 어떻게 이와 같이 비싸게 거래가 됐을까? 이 과자를 처음 맛보기 위한 수요와 부족한 공급의 불균형이 발생했기 때문이다. 해태제과는 치솟는 허니버터칩의 인기를 보면서 라인을 증설하고 생산량을 늘리기 시작했다. 그 결과는 어떻게 됐을까?

허니버터칩의 인기는 오래가지 못 했다. 한번 맛을 본 사람들의 재구매율이 별로 높지 않았고, 이미 먹어 본 과자가 되니 관심도 뚝 떨어졌다. 그런 시기에 과자 공급이 크게 늘어나자 이제는 어디서나 쉽게 구할 수 있는 과자가 됐고, 오히려 수요 대비 생산이 크게 늘면서 2+1로 파는 과자로 전락했다. 요즘은 편의점을 가면 쉽게 볼 수 있다. 이런 비슷한

자료 2-1. 허니버터칩 과자 (출처 : <일간스포츠>, 중고나라, 해태제과)

현상은 최근 포켓몬 빵이나 먹태깡 품절에서도 나타났다.

　모든 재화와 마찬가지로 부동산도 공급과 수요의 원리로 움직인다. 공급과 수요가 일치할 수 없기 때문에 항상 가격의 등락이 발생하는 것이다. 공급이 수요보다 많으면 실수요가격이 하락하게 되고, 공급이 수요보다 적으면 실수요가격이 상승하게 된다. 나중에 자세히 설명을 하겠지만, **여기에서 말하는 실수요가격은 전월세가격(임차 비용)을 말하는 것이다.**

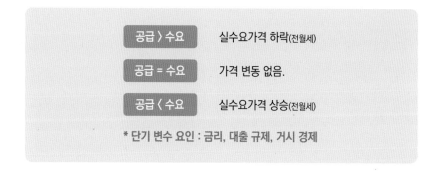

다만, 기본적인 경제 흐름에서 단기적인 변수 요인은 있다. **단기적인 변수 요인은 흔히 공급보다는 수요에서 발생한다.** 금리가 급격히 오르거나 떨어지는 경우, 대출 규제로 자금 유동성이 상실되는 경우, 또는 금융 위기나 코로나 상황과 같이 거시 경제 위기로 전반적인 수요가 일시적으로 크게 흔들리는 경우다. 다만, 이런 단기적인 변수 요인은 자주 발생하지 않는다. 또한, 일반적으로 1년 정도의 시간이 지나면 변수 요인이 정상화되고 공급과 수요의 원리에 다시 수렴하게 된다. 시간의 여유만 있다면 투자 상황에서 너무 신경을 쓸 필요는 없다는 뜻이다.

그러면, 왜 전월세가격이 실수요가격이라고 했을까?

다음 두 질문을 한번 생각해보자.

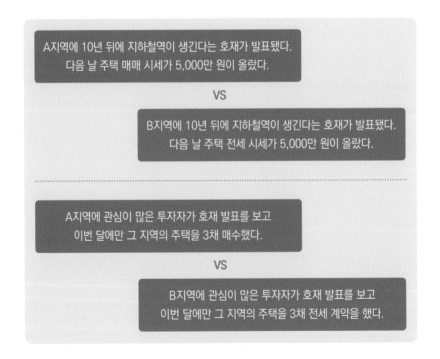

매매와 전세의 차이를 가장 잘 보여주는 내용이다. A지역에 호재가 있어서 매매가격이 오르는 것은 당연한 일이다. 그리고 투자자가 확신이 있다면 그 지역의 아파트를 3채씩 매수할 수 있다. 하지만, 임차 수요의 입장에서 생각해보자. 호재는 아무런 관련이 없다. 일반적으로 호재는 아무리 빨라도 10년이나 지나야 완성이 되는데, 내가 임차 거주하는 기간 동안 아무런 삶의 질 향상을 주지 않는다.

또한, 수요 폭증으로 매매가격이 아무리 올라도 임차인은 어차피 1채의 주택에서만 거주할 것이다. 입주 물량 부족으로 전세가격이 오를 것 같다고, 3채씩 전세 계약을 맺는 사람은 아마 없을 것이다.

매매가격 → 실제 가치 + 프리미엄(호재/심리/미래공급…)

VS

임차가격 → 현재 가치(미래 가치는 반영X)

(예외 : 청약을 노린 임차 지역. 2019년 과천)

즉, **임차가격을 실수요 지수라고 하는 이유는 바로 현재 가치만 반영하기 때문이다.** 기본적으로 임차인은 특이 사항이 없는 이상, 현재의 가치에만 집중하고, 딱 1채의 주택에만 거주를 하기 때문에 과수요 발생이 어렵다. 다만, 급격한 금리 인하나 인상으로 임차 수요에 영향을 줄수 있고, 2019년 과천처럼 청약을 노리고 일시적으로 해당 지역 수요가 몰리면 임차가격도 거품이 낄 수 있다.

반면, 매매가격은 '실제 가치 + 프리미엄'이다. 이 프리미엄은 플러스일 수도 있고, 마이너스일 수도 있다. 여러 가지 호재, 현재의 부동산 매수 심리, 미래 입주 물량 등에 따라서 가격이 움직일 수 있는 것이다. 다주택자들이 주택을 3~4채 매수해서 과수요가 발생하면 가격이 급등할 수도 있고, 반대로 모두 주택을 매도하려는 시기이면 가격이 급락하는 것이다.

그렇기 때문에 실제 주택의 가치를 알고 싶다면 현재 매매가격의 움직임을 열심히 들여다보기보다 임차가격의 움직임에 주목해야 한다. 임차가격의 상승 없이 매매가격만 상승한다면, 결국 안정적인 부동산 가격의 상승이라고 할 수 없기 때문이다.

그래서 여기에서 알아야 하는 다음 중요한 용어가 있다. 바로, 전세가율이다.

전세가율 움직임에 따라 매매 시장을 예측한다

전세가율이란 매매가격 대비 전세가격의 비율을 뜻한다.

$$전세가율 = \frac{전세가격}{매매가격}$$

매매가격이 평균 10억 원인 아파트의 전세가격이 평균 6억 원이라면 전세가율은 60%이고, 매매가격이 평균 5억 원인 아파트의 전세가격이 평균 4억 원이라면 전세가율은 80%다.

전세가율이 올라갈 수 있는 상황은 딱 두 가지다. 매매가격 상승이 전세가격 상승보다 작거나 매매가격 하락이 전세가격 하락보다 클 경우다. 즉, 초등학생 수준의 산수 실력 정도만 있다면 전세가율은 부동산 시장이 상승장이라고 무조건 오르는 것도 아니고, 하락장이라고 무조건 떨어지는 것이 아니라는 것을 알 수 있다.

> 매매가격 10억 원 / 전세가격 6억 원 = 전세가율 60%
> 매매가격 5억 원 / 전세가격 4억 원 = 전세가율 80%

> 전세가율이 높아지려면? 매매가격 상승률 〈 전세가격 상승률
> 매매가격 하락률 〈 전세가격 하락률

기본적으로 전세가율이 높다는 것은 매매와 전세 갭이 적다는 뜻이고, 전세에서 매매로 넘어갈 수 있는 수요가 쉽게 발생할 수 있다는 것을 뜻한다.

그렇다면, 전세가율이 높다고 무조건 좋을까? 그것은 아니다. 전세가율은 지역별, 그리고 상품별로 다른 특성을 지니고 있기 때문에 전세가율 절대값이 높다고 무조건 좋다고 할 수 없다. 전세가율은 수요자의 매매 대기 심리가 크게 영향을 미치기 때문이다. 예를 들어, 서울 강남의 전세가율과 지방 소도시의 전세가율을 같이 비교할 수 없으며, 방 3개 아파트와 원룸 오피스텔의 전세가율을 단순 비교하는 것은 무의미하다.

그렇기 때문에 **나는 주로 해당 지역의 과거부터 현재까지 평균 전세가율과 현재 전세가율을 비교한다.** 과거부터 수요가 받아줄 수 있는 전세가율 수준을 확인하는 작업을 하는 것이다. 역사적인 평균 전세가율 대비 현재 전세가율이 높다면, 그렇지 않은 경우보다 기본적으로 안전한 상황이라고 할 수 있다. 매매가격이 덜 올랐거나 전세가격이 덜 떨어졌기 때문이다.

자료 2-2는 한국부동산원에서 추출한 인천의 2012년부터 2023년 말까지의 전세가율 변동이다.

자료 2-2. 인천 아파트 전세가율 변동(2012~2023년) (출처 : 한국부동산원)

2023년 말, 인천의 전세가율은 최고점에 대비해 많이 떨어져서 65% 정도다. 하지만, 과거부터 평균 전세가율로 살펴보면, 인천의 현재 전세 가율은 지난 10년간 최고 전세가율과 최저 전세가율의 중간쯤 되는 위 치다. 이 데이터를 보면 앞으로 전세가격이 오르면, 인천은 매매가격이 상승할 수 있는 힘이 있다는 것을 유추할 수 있다. 물론, 세부 지역 및 아파트는 개별로 분석해야 한다.

자료 2-3. 대구 아파트 전세가율 변동(2012~2023년) (출처 : 한국부동산원)

반면, 대구의 경우에는 2023년 말 전세가율이 역대 최저치 수준이다. 대구는 심지어 입주 물량도 많은 곳인데, 전세가율마저 과거 평균 대비 낮다. 이 말은 대구의 매매가격 상승은 임차가격이 올라도 인천보다 한계가 있다는 뜻이다.

해당 지역의 매매 상승을 받아주는 평균 수요의 힘은 비슷하다. **매매가격과 전세가격은 항상 비슷하게 움직이고, 전세가율이 평균 수준으로 항상 돌아오려고 하는 특징이 있다.** 만약, 매매가격이 과도하게 올라서 전세가율이 크게 낮아진다면, 언젠가는 전세가격이 매매가격보다 크게 오르거나 매매가격이 크게 떨어져서 일정 전세가율로 회귀하는 것이다.

여기서 찾을 수 있는 **주택 매수 투자 팁은 전세가율이 과거 평균 대비 크게 오른 지역과 아파트를 눈여겨보라는 점이다.** 이런 주택은 추후 상승 에너지와 함께 상승 폭이 더 클 수 있다.

반대로, 전세가율이 과거 평균 대비 지나치게 낮게 형성되어 있다면 조심해야 한다.

다음 자료 2-4는 광주광역시 아파트들의 2018년 하반기 하락 직전의 전세가율이다.

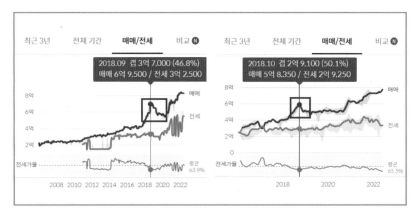

자료 2-4. 광주광역시 아파트 전세가율(2018년 하반기) (출처 : 호갱노노)

광주의 중심 아파트 전세가율이 과거 대비 크게 낮았다는 것을 알 수 있는데, 이렇게 전세가율이 낮은 상태에서 전세가격 하락이 오자 바로 광주의 아파트 매매가격은 급락했다. 결국, 전세가율이 기존 대비 크게 낮다면, 전세가격 하락이 오는 순간 급락이 올 수 있으니 유의해야 한다.

평균 전세가율이 낮은 지역은
어떤 현상이 벌어질까?

결국, 전세가율은 가격의 흐름을 예측할 수 있는 중요한 지표 중 하나라고 이야기했다. 그렇다면 전세가율이 낮으면 어떤 영향이 있을까? 수요의 측면에서 한번 살펴보자.

먼저, 전세가율이 낮으면 전세 수요에서 매매 수요로 넘어가는 숫자가 매우 제한적일 수밖에 없다. 많은 무주택자들이 처음에는 전세로 임차를 살다가 정착이 필요한 시점부터 매수를 검토하게 된다. 그리고 이렇게 매수를 검토하게 되면 일반적으로 자신이 임차로 거주하던 동네에서 매수를 하게 되는 경우가 많다.

그런데 전세가격과 매매가격의 가격 차이가 크다면? 당연히 가격 부담으로 매수로 넘어가기 어려운 상황이 된다. 다음 자료 2-5와 같이 A와 B는 전세가격 3억 원인 집에서 사는 것은 같지만, A는 매수를 할 때 추가 금액이 1억 원만 있으면 되고, B는 추가 금액이 3억 원이나 필요하니 전세에서 매매로 넘어가는 부담이 당연히 다를 수밖에 없다.

구분	전세가격	매매가격	전세가율	추가 필요 금액
A	3억 원	4억 원	75%	1억 원
B	3억 원	6억 원	50%	3억 원

자료 2-5. 매매-전세 갭에 따른 부담 차이

특히, 전세가율이 낮아서 벌어진 매매와 전세 갭 금액을 단순히 비교한다면, 실수요자들은 당연히 같은 갭으로 상급지의 다른 지역을 노리게 될 가능성이 크다.

다음으로 평균 전세가율이 낮은 지역은 당연히 변동성 자체가 클 수밖에 없는데, 같은 전세가율을 유지하면서 부동산 가격이 움직인다면, 전세가율이 낮은 지역은 당연히 레버리지 효과가 크다.

예를 들면, 다음 자료 2-6과 같이 전세가율이 50%인 지역과 75%인 지역이 있다. 전세가격이 1억 원이 움직이면 전세가율이 50%인 지역은 당연히 매매가격이 2억 원이 움직여야 같은 전세가율을 유지할 수 있다. 반면, 같은 조건에서 전세가율이 75%이면 전세가격이 1억 원이 움직여도 매매가격은 1.3억 원만 움직이게 될 것이다.

전세가격	매매가격	전세가율
3억 원	6억 원	50%
전세가격이 1억 원이 오르면?		
↓		
4억 원	8억 원	50%
전세 1억 원 상승 매매 2억 원 상승		

전세가격	매매가격	전세가율
3억 원	4억 원	75%
전세가격이 1억 원이 오르면?		
↓		
4억 원	5.3억 원	75%
전세 1억 원 상승 매매 1.3억 원 상승		

전세가격	매매가격	전세가율
4억 원	8억 원	50%
전세가격이 1억 원이 내리면?		
↓		
3억 원	6억 원	50%
전세 1억 원 하락 매매 2억 원 하락		

전세가격	매매가격	전세가율
4억 원	5.3억 원	75%
전세가격이 1억 원이 내리면?		
↓		
3억 원	4억 원	75%
전세 1억 원 하락 매매 1.3억 원 하락		

자료 2-6. 전세가율에 따른 가격 상승, 하락 폭

그렇기 때문에 전세가율이 낮은 호재가 많은 지역들이나 신도시는 가격 변동이 심할 수밖에 없다. 바로 세종이나 수도권의 택지 지역에서 대표적으로 나타나는 현상이다. 또한, 상품으로 보면 전세가율이 낮은 재건축 아파트가 가격 변동이 심하다. 강남의 대표적인 재건축 아파트 인 은마 아파트만 봐도 전세가율이 낮으니 하락장에서 매매가격이 한 번에 몇 억 원씩 떨어진다.

마지막으로, 투자자들에게도 전세가율은 너무나도 중요하다.

다음 자료 2-7은 2019년 수원에 실제로 내가 투자했던 아파트다. 당 시 아파트의 전세가율은 77%였고, 갭은 9,000만 원이었다. 2021년 초 해당 아파트의 매매가격은 약 2억 원이 올랐다. 하지만, 전세가율은 오히려 더 올라서 86%이고, 갭은 8,000만 원이다.

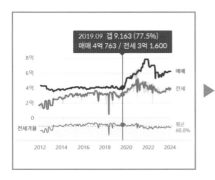

자료 2-7. 수원 투자 아파트 단지의 시세 변화 (출처 : 호갱노노)

* 매매가격 4억 원(2019년) → 5.9억 원(2021년)

  전세가격 3.1억 원(2019년) → 5억 원(2021년)

이 말은 매매가격보다 전세가격이 더 크게 올랐다는 뜻으로, 투자자 입장에서는 투자 금액이 동일하거나 더 줄어들었다는 뜻이다. 이미 2억 원이나 올랐지만 이렇게 전세가율이 올라가면 투자자들은 추가 매매 상승을 노리고 갭 투자를 들어오게 된다. 실제로 2021년에 나는 이 집을 또 다른 갭 투자자에게 매도했다.

앞서도 말했지만 전세가율이 낮다는 것은 그만큼 투자 수요가 많이 들어왔다는 뜻이고, 현 실수요 가치보다 호재 프리미엄이 많이 붙어 있다는 뜻이다. 그만큼 장점도 있고, 단점도 있다는 점을 잊어서는 안 된다.

2022년 여름 시장으로 되돌아보는
전세가율의 중요성

다음은 2022년 여름, 내 블로그에 작성했던 글의 내용이다. 전세가율의 의미를 다시 생각해보기 좋은 내용이니 한번 살펴보자.

2022년 여름에 가장 매매가격이 크게 떨어졌던 지역은 어디였을까? 그 해답은 바로 전세가율에서 찾을 수 있다. 당시, 세종은 이미 가격 하락이 시작된 지 1년이 넘어가고 있었다.

한국경제 PiCK 2022.08.13. 네이버뉴스
"11억 하던 아파트, 2년 만에…" **세종** 집주인들 '부글부글' [김은정…
가장 속앓이를 하는 집주인들은 단연 **세종** 주민들이랍니다. 한국부동산원에 따르면 지난해 1월부터 올 8월… 되지 않고, 소수의 **급매**물로 시장 가격이 형성되는 …

대전일보 PiCK 📃 5면 1단 2022.08.07. 네이버뉴스
'헉' 소리나는 **세종** 집값의 추락…"규제지역 해제" vs "제자리 찾기"
가운데 **급매**로 나온 물건이 하락거래되면서 앞으로 가격이 더 떨어질 것이란 관망세가 퍼지는 분위기"라고 전했다. **세종**의 아파트 매매가 하향세는 통계상으로 또…

자료 2-8. 세종시 아파트 가격 하락 관련 기사 (출처 : <한국경제>, <대전일보>, <네이버 뉴스>)

동탄 역시 매매가격 하락이 컸는데, 특히 GTX역 주변 동탄2 신도시 급락이 나오고 있었던 상황이다.

자료 2-9. 동탄시 아파트 가격 하락 관련 기사 (출처 : <땅집고>, <한국경제>, <네이버 뉴스>)

마지막으로, 부동산 투자자들이 매우 좋아하던 지역인 인천의 두 택지 지구, 송도와 청라 역시 매매가격 급락 현상이 심했다.

자료 2-10. 송도, 청라 아파트 가격 하락 관련 기사 (출처 : <인천in>, <네이버 뉴스>)

그러면 이들 지역의 공통점은 무엇일까? 그것은 바로 전세가율이 타지역 부동산 대비 현저하게 낮았다는 점이다.

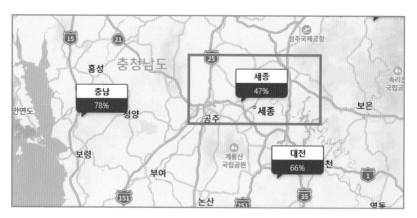

자료 2-11. 타 지역과 비교한 세종시 전체 평균 전세가율 (출처 : 아실)

세종시 전체 평균 전세가율은 47%로 전국에서 가장 낮은 전세가율
이다. 또한, 실제 현장 대부분의 아파트 전세가율은 30%대였다.

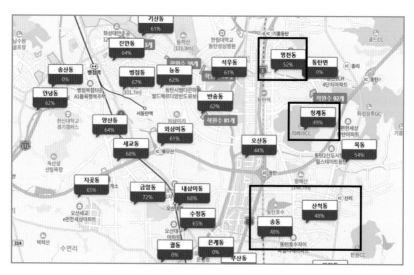

자료 2-12. 동탄2 신도시 전세가율 (출처 : 아실)

동탄2 신도시 전세가율 역시 마찬가지로 40%대의 전세가율이었다.

특히, GTX-A역 주변 아파트의 전세가율이 낮았는데, 당시 역 주변 전세가율은 세종과 비슷한 수준인 30%대의 전세가율이었다.

이는 인천의 대표적인 두 지역인 송도와 청라도 마찬가지였는데, 특히, 청라의 경우는 검단 입주 물량 효과를 직격탄으로 맞으면서 40% 전세가율을 힘겹게 유지했다.

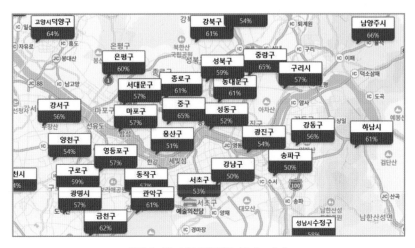

자료 2-13. 서울 전세가율 (출처 : 아실)

이들 지역의 전세가율은 서울 중심부 지역이나 다른 신도시의 전세가율보다도 더 낮았다. 그만큼 시세 차익을 노리는 투자자나 실거주자들이 많이 들어갔다는 것이고, 호재가 선반영이 많이 되어 있다는 뜻이기도 하다. 이것은 유망한 신도시에서 나타나는 대표적인 현상이다. 그래서 전세가율이 낮은 신도시는 항상 상승장에서는 많이 오르고, 하락장에서는 많이 떨어진다. 이런 지역들을 투자한다면 상승장과 하락장에 따라 롤러코스터를 경험할 수 있다는 점을 유념하자.

전세가율 변동이 크지 않다는 것은
무슨 뜻일까?

　자료 2-14의 서울(특별시)과 광주(광역시)의 전세가율 변동성을 보면, 서울의 전세가율은 변동이 심한데, 광주는 전세가율 변동이 크지 않다는 것을 알 수 있다. 역사적으로 서울의 전세가율 변동 폭은 30%대에서 70%대까지 최대 40% 수준을 왔다 갔다 하지만, 광주의 전세가율 변동 폭은 10% 정도 수준이다. 이것은 무엇을 의미할까?

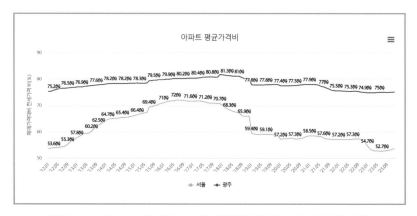

자료 2-14. 서울(특별시)과 광주(광역시)의 전세가율 변동성 (출처 : 한국부동산원)

먼저, 광주의 경우 전세가율이 변동이 크지 않다는 것은 매매가격과 전세가격이 거의 일치해서 움직인다는 뜻이다. 매매가격이 올라도 전세가격이 똑같이 오르고, 매매가격이 내려도 전세가격이 똑같이 떨어진다는 뜻인데, 실제로 광주뿐 아니라 대부분의 비수도권 도시들은 자료 2-15와 같이 매매가격과 전세가격이 동일하게 움직인다.

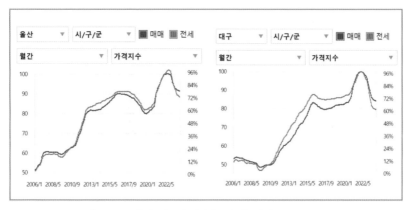

자료 2-15. 울산, 대구의 매매가격과 전세가격 (출처 : 아실)

반면, 서울이나 수도권 지역은 전세가율 변동이 심한데, 수도권의 매매가격 움직임은 전세가격 움직임과 똑같이 움직이지 않을 수도 있다는 뜻이다. 상승장 때는 추가 수요로 인한 매매가격 오버 슈팅으로 전세가율이 크게 떨어지고, 하락장 때는 매매가격이 가수요 부족으로 더 크게 떨어져서 전세가율이 크게 올라가는 특징이 있다. 그렇기 때문에 수도권을 투자할 때는 전세가격 흐름도 중요하지만, 너무 지나치게 낮아진 전세가율에 대한 주의가 필요하다.

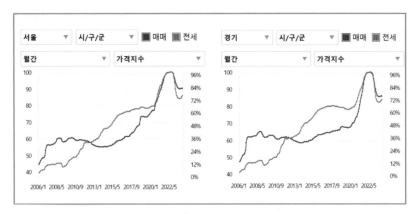

자료 2-16. 서울, 경기도의 매매가격과 전세가격 (출처 : 아실)

　결국 상대적으로 상승할 때 상승 폭은 서울이 더 클 수밖에 없고, 하락할 때의 하락 폭 역시 서울이 더 클 수밖에 없다. 서울을 비롯한 수도권은 가수요가 넘치는 전국구 투자 지역이니 어쩔 수 없는 현상이다.

잊지 말자
– 입주 물량이 많으면 전세가격이 하락한다

앞선 글에서 전세가격이 중요하다는 점을 말했고, 전세가격의 움직임에 따른 전세가율의 흐름 역시 알아야 한다는 점을 강조했다. 전세가격 변동은 결국 우리가 알고 싶은 매매가격 변동과 연결된다.

그렇다면 전세가격이 오르는 원리는 어떻게 될까? 그 답은 입주 물량에서 답을 찾아야 한다. 부동산은 역사적으로 입주 물량이 적은 시기에는 전세가격이 올랐다. 반대로, 입주 물량이 많은 시기에 전세가격은 정체되거나 떨어졌다. 물론, 2020년 초저금리에 따른 유동성장과 2022년 금리 급등에 따라 입주 물량과 무관하게 전세가격 흐름이 흐른 적도 있다. 하지만, 이는 정말 몇 안 되는 예외 경우들이다(다만, 이 기간에도 이 기본 원리는 흔들리지 않았다. 전세 대신에 월세가 움직였을 뿐이다). 우리나라는 전세라는 특이 제도 때문에 임대인과 임차인 모두 기본적으로 월세보다는 전세를 선호해서 일반적으로 입주 물량과 전세가격이 함께 움직인다.

입주 물량이란 '아파트 공급량'을 뜻한다. 입주 물량이 많아도 매매가격은 올라갈 수 있다. 전세가격은 떨어지는데 매매가격은 오르는 현상이 나타나는 것이다. 예를 들면, 2018년의 동탄과 2020년의 안산이 그랬다. 반대로, 입주 물량이 적어도 매매가격은 떨어질 수 있는데 2012~2013년 서울은 입주 물량은 적어서 전세가격은 올랐지만 매매가격이 하락했다. 다만, 전세가격이 올라가면 매매가격과 가격 갭이 좁혀질 수 있는 기회가 되고 전세가율이 오른다. 그리고 전세가격 상승은 언젠가 매매가격 상승으로 연결된다.

입주 물량은 절대적으로 전세가격에 영향을 미친다. 신규 입주 물량이 많으면 임대인은 전세를 놓기 위해 가격을 낮출 수밖에 없고, 새 아파트 전세가격이 낮으니 자연스레 주변의 기축 아파트 전세가격은 덩달아 내려가게 된다.

전국의 모든 지역의 입주 물량과 전세가격 흐름을 비교해보라. 90% 이상 입주 물량과 가격 흐름이 반비례할 것이다. 몇 가지 예를 들어보자.

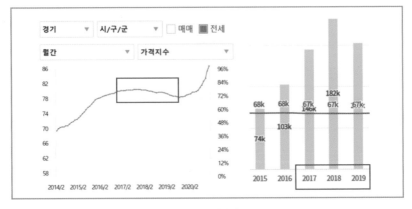

자료 2-17. 경기도 전세가격 (출처 : 아실)

2기 신도시 입주가 한창이던 2017~2019년 경기도는 3년간 전세가격이 하락했다.

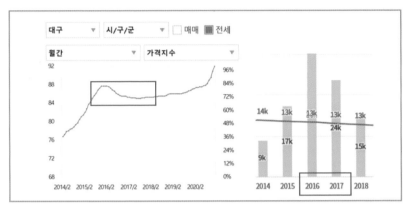

자료 2-18. 대구 전세가격 (출처 : 아실)

전세가격이 급등하던 대구 역시 2016년 대규모 입주 물량 앞에서 약 2년간 가격 하락을 하게 된다.

그래서 입주가 많은 기간에는 투자를 조심해야 한다. 하지만, 입주 물량이 없다면 전세가격은 회복하게 되니 이 점을 항상 유의해야 한다.

조금 더 구체적인 예를 들어보겠다.

2019년 초 9,510세대에 이르는 서울 송파구 헬리오시티가 입주를 시작했고, 2018년 하반기부터 주변 전세가격은 하락하기 시작했다. 2018년 하반기 헬리오시티 33평 전세가격은 6억 원대였지만, 약 1년 뒤에는 전세가격이 다음 자료 2-19와 같이 9억 원 이상으로 회복하게 된다.

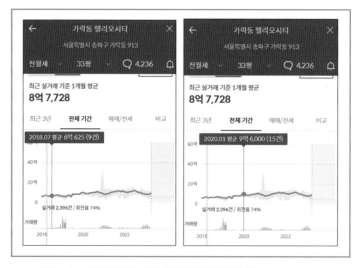

자료 2-19. 가락동 헬리오시티 33평형 전세가격 변화 (출처 : 호갱노노)

해당 기간 동안 주변 아파트 전세가격은 어떻게 됐을까?

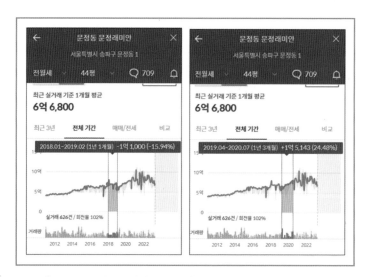

자료 2-20. 문정동 문정래미안 44평형 전세가격 변화 (출처 : 호갱노노)

바로 근처에 있는 구축 아파트인 문정래미안은 44평 기준, 2018년 ~2019년 사이에 전세가격이 1억 원 넘게 빠졌지만, 1년 뒤인 2020년 에는 1.5억 원 이상 다시 상승한다.

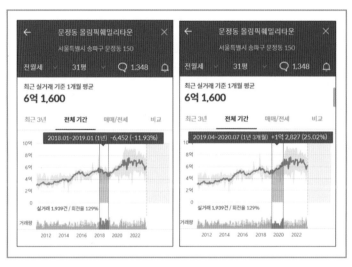

자료 2-21. 문정동 올림픽훼밀리타운 31평형 전세가격 변화 (출처 : 호갱노노)

연식이 오래된 올림픽훼밀리타운 역시 전세가격이 같은 시기 하락 움직임을 보였지만, 이후 빠르게 전세가격 시세가 회복했다. 헬리오시티의 입주 물량은 이렇게 주변 아파트 전세가격 시세에 큰 영향을 미쳤다. 하지만, 회복할 때는 반대로 가격이 빠르게 상승했다.

앞서 전세가격의 중요성에 대해서 말했고, 전세가격이 어떤 경우에 오르고 떨어지는지에 대해서 이야기했다. 여기서 나오는 결론은 결국 **입주 물량이 가장 중요하다는 것**이다. 그렇기에 부동산 매수를 생각하고 있다면, 주변의 입주 물량 확인을 게을리해서는 안 된다.

그렇다면 이제 입주 물량을 어떻게 파악할 수 있는지를 같이 알아보자.

프롭테크와 인허가를 이용해
입주 물량 파악하는 방법

우리는 앞선 내용에서 가장 중요한 두 가지 사실을 알 수 있었다. 첫째, 전세가격은 매매가격 변동 기준이 되는 기본적인 가격으로 실수요 가격이라는 점이다. 둘째, 전세가격은 실수요가격이기 때문에 큰 외부 변수 요인만 아니라면 입주 물량에 따라 움직인다는 점이다.

결국, 부동산 시장에서 가장 중요한 것은 입주 물량이다. 부동산 투자를 하면서 입주 물량이 적은 곳만 파악하고 해당 지역을 선점한다면, 부동산 투자는 80% 이상의 성공 가능성을 높일 수 있다고 본다.

그렇다면, 입주 물량은 어떻게 파악하면 좋을까? 최근에는 여러 가지 좋은 프롭테크 사이트가 있기 때문에 예전처럼 힘들게 입주 물량을 찾아보지 않아도 된다. 개인적으로 부동산지인, 아실, 호갱노노, 손품왕 등의 사이트를 이용하는데, 이보다 더 좋은 프롭테크 사이트도 많이 있다. 초보자에게 가장 추천하는 무료 이용 방법은 부동산지인과 아실을 함께 활용하는 것이다.

자료 2-22. 부동산지인 수요/입주 플러스 (출처 : 부동산지인)

부동산지인의 최고 장점은 수요/입주 플러스를 통해서 3개 도시나 지역의 입주 물량을 합쳐서 같이 볼 수 있다는 점이다. 사이트의 수요/입주에 가면 평균 수요까지 고려한 입주 물량이 나온다(평균 수요는 일반적으로 인구 × 5%로 계산).

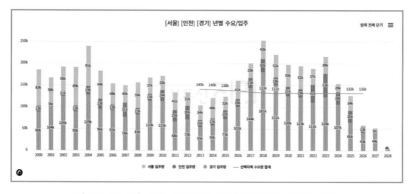

자료 2-23. 서울, 인천, 경기 연별 수요/입주 (출처 : 부동산지인)

또한, 면적별 입주 물량까지 같이 볼 수 있어서 실제 입주 물량에 영향을 가장 많이 미치는 20~30평대 입주 물량을 별도 확인이 가능하다. 아무리 입주 물량이 많아도 10평대가 많다면 아무래도 그 입주 물량 영향이 미비해진다. 10평보다는 20평대 이상의 입주 물량을 확인하자.

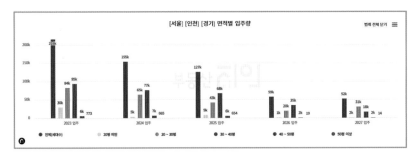

자료 2-24. 서울, 인천, 경기 면적별 입주량 (출처 : 부동산지인)

아실 사이트에서는 부동산지인보다 입주하는 지역의 물량과 아파트 이름/세대수를 더욱 상세하게 확인할 수 있다.

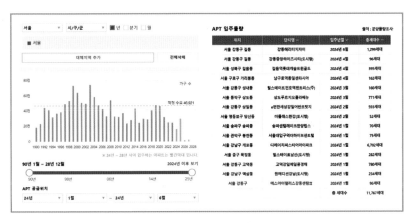

자료 2-25. 서울 아파트 입주 물량 (출처 : 아실)

예를 들면, 2024년 상반기 서울의 아파트 입주 지역과 물량을 보고 싶다면, 자료 2-25와 같이 간단히 지역과 시기를 설정해서 어디 지역으로 대량 물량이 입주하는지, 그리고 어떤 시기에 물량이 몰리는지를 쉽게 파악할 수 있다.

다만, 이런 프롭테크의 입주 물량은 후분양 예정 물량을 반영하고 있지 않다는 점과 초소형 물량까지 포함하고 있다는 것을 조심해야 한다. 이러한 프롭테크 서비스의 단점을 보안하기 위해 내가 별도로 확인하는 것이 바로 인허가 물량이다.

자료 2-26. 인허가 물량 (출처 : 국가통계포털)

인허가 물량은 국가통계포털(KOSIS)에서 파악이 가능하다. 인허가 물량은 주택 착공을 위해 미리 허가를 받는 행위로, 실제 입주까지 이어지는 기간은 보통 2.5~3년 정도 잡으면 된다(서울이나 재개발 위주 공급 지역은 3년보다 조금 더 길게 잡아야 함).

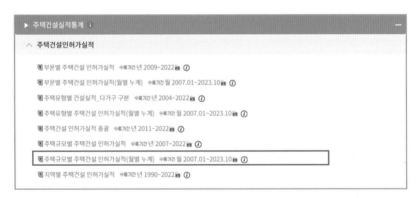

자료 2-27. 주택 건설 인허가 실적 (출처 : 국가통계포털)

흥미로운 점은 건설사들은 실적 최대화를 위해 일반적으로 12월에 인허가를 최대치로 잡는다는 점이다. 그렇기 때문에 **인허가 실적을 누**

적 기준으로 보면서 매년 12월의 연간 누적 물량으로 과거 대비 인허가 물량을 비교하고 있다.

자료 2-28과 같이 주택 규모별 주택 건설 인허가 실적(월별누계)으로 물량을 확인한다. 주택 규모별로 인허가 실적을 보는 가장 큰 이유는 40㎡ 이하의 주택은 실질적으로 입주 물량에 크게 영향을 못 미치는 초소형 주택이기 때문에 이 물량을 빼는 별도의 작업을 하기 위해서다(전용 40㎡ 이하는 초소형 평수로 실거주 주택 숫자로 큰 영향을 미치지 못한다).

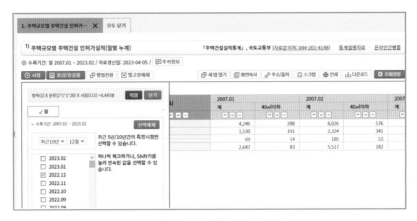

자료 2-28. 주택 규모별 주택 건설 인허가 실적 (출처 : 국가통계포털)

최근 10년간 트렌드를 보면서 인허가 실적 물량을 확인하고, 총계에서 40㎡ 이하의 물량은 빼는 별도의 엑셀 작업을 하면 인허가 물량 파악이 가능하고, 이 물량을 기준으로 앞으로 어떤 지역의 대기 물량이 많은지 파악이 가능하다. 매년 나는 블로그를 통해 이 데이터를 공유하고 지역별 입주 물량을 예측한다.

마지막으로 호갱노노로 간단히 분양 예정인 물량을 찾을 수 있는 방법이 있다.

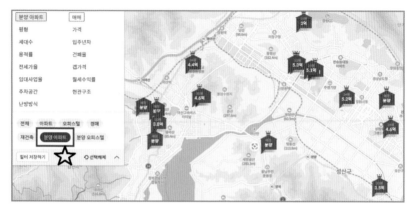

자료 2-29. 분양 아파트 (출처 : 호갱노노)

호갱노노에서 분양 아파트를 선택하면 분양 중이거나 분양 예정인 아파트가 나타나는데, 분양 예정인 대량 물량이 있는지를 찾아보면 된다. 호갱노노에 '예정 분양'이라고 붉은색 박스에 써 있는 물량이다. 일반적으로 한 번에 큰 규모의 주택이 공급이 되면, 해당 지역 부동산 가격 유지가 어렵기 때문에 단순 분양 예정 주택 숫자보다 분양 예정 세대수를 확인해야 한다.

예를 들면, 2023년 하반기 기준으로 포항의 경우 다음 자료 2-30과 같이 여전히 분양 대기 중인 물량들이 있는 상황인 것을 알 수 있다. 힐스테이트더샵상생공원 1~2블록의 물량은 합쳐서 약 2,700세대로 포항의 도시 규모를 고려하면 상당한 대규모 물량이다.

자료 2-30. 포항 힐스테이트더샵상생공원 분양예정 (출처 : 호갱노노)

이런 물량은 결국 시장이 살아나면 바로 분양할 수 있는 물량들이니 미리 입주 물량으로 파악하고, 언제 입주하는지 확인해서 주의를 해야 한다. 숨겨진 물량을 잘 찾아내지 못하면 추후 대규모 분양 물량에 그 지역 부동산 시장 가격이 하락하는 것을 피할 수 없다.

PART
03

부동산 투자의 기본 I,
시장이 움직이는 흐름 파악하기

입주 물량에 따른
매매, 전세, 월세의 움직임 원리

앞서 입주 물량이 부동산 가격에 미치는 영향에 대해 자세히 다루었다. 하지만, 이번 장에서 다루는 이론을 알지 못하면, 부동산 가격의 움직임을 잘못 이해할 수도 있다. 입주 물량에 따른 매매, 전세, 월세의 움직임 원리를 함께 알아보면서 부동산 시장의 흐름을 파악하자.

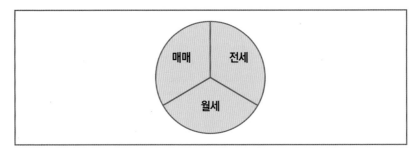

자료 3-1. 주거 형태 : 매매, 전세, 월세

첫째, 주거 형태로 무조건 매매,전세, 월세 중 하나는 택해야 한다. 길바닥에서 노숙을 하는 사람이 아니라면 1가구는 기본적으로 매매, 전세, 월세 세 가지의 주거 형태 중 한 가지는 무조건 선택을 하고 계약을 해야 한다. 만약, 공급이 정확히 수급과 균형인 상태라면 수요가 매매로 쏠리면 매매가격이 상승하고 전월세가격은 하락한다. 반대로, 전월세로 수요가 쏠리면 매매가격은 하락하고 전월세가격은 상승하게 된다. 즉, 이는 한쪽을 꾹 누르면 다른 쪽이 툭 하고 튀어 오르는 현상이다.

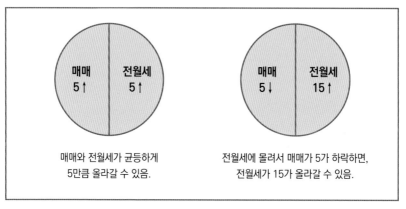

자료 3-2. 공급이 90이고, 수요가 100이어서 공급이 부족한 경우

둘째, **주택 공급이 부족하면 기본적으로 세가지 주거 형태가 모두 상승 가능하다.** 하지만, 자료 3-2와 같이 매매가격과 전월세가격이 균등하게 올라갈 수도 있고, 전월세에 수요가 몰려서 매매가격보다 전월세가격이 더 크게 올라갈 수도 있는 것이다. 다음 자료 3-3과 같이 지방 도시들은 보통 전세가격과 매매가격이 같이 움직이고, 전세가격 상승에 따라 매매가격 상승이 같은 시기에 진행된다.

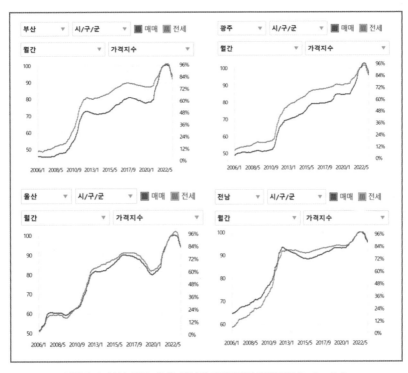

자료 3-3. 부산, 광주, 울산, 전남의 매매가격과 전세가격 (출처 : 아실)

만약, 주택 공급 부족인데 매매가격이 하락한다면, 수요가 전월세 시장으로 더 몰려서 전월세 상승이 더욱 과하게 나온다는 뜻이다. 주택 공급이 부족해도 한쪽으로 수요가 지나치게 쏠린다면 다른 쪽의 수요는 감소할 수 있다.

주로 전세가율이 낮은 지역에서 매매가격이 아직 비싸다는 인식이 있으면 전세가율을 회복할 시간이 필요해서 나타나는 현상인데, 이는 시장 상승의 신호가 될 수 있다. 2011~2014년 수도권의 모습이 바로 이런 모습이었다.

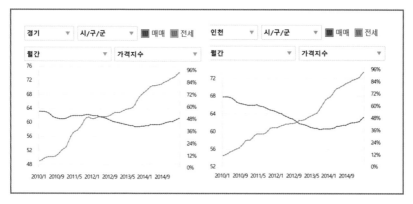

자료 3-4. 경기도, 인천의 매매가격과 전세가격 (출처 : 아실)

　셋째, **주택이 과공급이면 기본적으로 세가지 주거 형태 모두 하락이 가능**하다. 하지만, 자료 3-5와 같이 매매가격과 전월세가격이 균등하게 하락할 수도 있고, 매매에 수요가 몰려서 매매는 오르는데 전월세는 더 크게 하락하는 경우가 나올 수도 있다. 이는 전세가율이 크게 떨어지게 하는 역할을 한다.

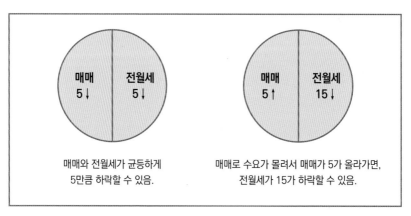

자료 3-5. 공급이 110이고 수요가 100이어서 과공급인 경우

이제 이 이론을 기준으로 다음 물음에 대한 답을 찾아보자. 아파트 입주 물량이 적으면 무조건 가격이 오를까?

아파트 입주 물량이 적으면
무조건 가격이 오른다?

흔히 많은 부동산 전문가들은 입주 물량이 부족하면 매매가격이 오른다고 한다. 하지만, 입주 물량이 부족했던 2011~2013년 수도권 주택 매매가격은 크게 하락했다. 이번 장에서는 이에 대한 설명을 통해 부동산 가격 흐름을 이해해보려고 한다.

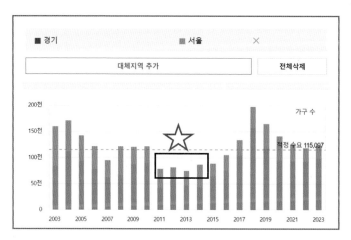

자료 3-6. 서울 경기 연별 수요/입주 (출처 : 아실)

단순히 입주 물량과 부동산 가격을 연결시켜서 설명한다면, 앞의 자료 3-6의 2011~2013년 수도권 입주 물량을 보고 왜 당시 매매가격이 떨어졌는지를 설명할 수 있을까?

역대 최소 물량 수준임에도 불구하고, 당시 수도권 매매가격은 크게 하락을 했다. 이 당시 가격이 왜 많이 하락했는지에 대한 힌트는 2013년 여름 자료 3-7 기사에서 찾을 수 있다.

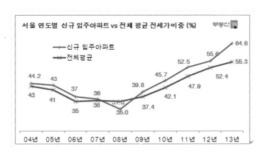

자료 3-7. 서울 새 아파트 전세가율 상승 관련 기사 (출처 : 남승표 기자, '서울 새 아파트 전세가율, 2008년 두 배 <부동산 114>', <연합인포맥스>, 2013년 8월 13일자 기사)

기사 내용을 보면 알겠지만, 2008년 서울의 전세가율은 35%였다. 즉, 10억 원짜리 주택의 전세가격이 평균 3.5억 원이니 전세가율이 정말 낮았던 것이다. 2023년 서울의 최저 전세가율이 50% 이상이니 당시에 비하면 정말 높은 편이다.

입주 물량이 부족한 상황에서 매매가격이 오르지 않았다면, 이 수요는 모두 어디로 갔을까? 그렇다. 모두 전세 시장이다. 매매 수요가 줄고 전세 수요가 크게 늘면서 전세가격은 폭등했다. 전세 대출이 이 시기부터 활성화된 것도 전세 급등에 한몫했다. 2013년 기사를 보면 알겠지만, 서울의 전세가율은 55.3%로 거의 5년 만에 20% 정도 상승했다. 매매가격은 안 오르는데, 전세가격은 폭등하고 있었다는 뜻이다.

즉, 현재 전세가율이 너무 낮다면, 아무리 입주 물량이 적어도 매매가격이 안 오를 수도 있다. 대신에 전세나 월세의 임차 주거 형태의 가격이 폭등할 수도 있다. 그래서 다시 한번 말하지만, 전세가율이 매매가격 상승의 또 다른 'KEY'인 것이다.

결국, 2011~2013년 수도권 부동산 시장의 매매가격이 상승을 하지 못한 이유는 다음과 같다.

첫째, 2009년 하반기부터 하락한 추세가 지속되고, 누적 공급 물량을 아직 소화하지 못한 상태였다는 점이다. 둘째, 전세가율이 너무 떨어져 있는 상황 속에서 실수요자들은 여전히 매매에 대한 부담을 느끼고 있었고, 전세가율 회복에 시간이 걸리는 상태였다는 점 때문이다. 셋째,

당시 가수요인 투자자들은 가격 상승이 시작된 지방 시장으로 향하고
있었다.

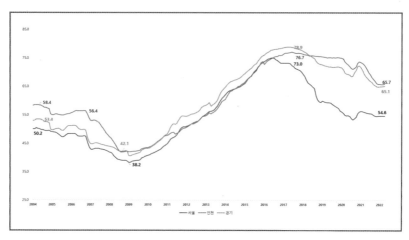

자료 3-8. 수도권 전세가율의 변동 (출처 : KB 부동산 기준 필자 작성)

　수도권 부동산 시장 분석이 조금 더 어려운 이유는 수요 변화 예측이
다소 어렵다는 점 때문이다. **수요가 많다는 것은 그만큼 단순 공급의 원
리보다 수요에 의해 시장이 많이 움직인다는 뜻이고, 자료 3-8과 같이
전세가율의 상승과 하락이 반복된다.**

　다만, 확실한 점은 입주 물량 부족은 다시 한번 전세가율 회복에 따라
매매가격이 상승을 할 수 있는 힘을 비축하게 만든다는 것이다. 결국,
이러한 공급 부족은 누적이 되고, 전세가율이 상승하면서 2014년 가격
회복 및 2018~2019년 서울 부동산 가격 폭등의 초석이 됐다.

부동산 사이클 원리에 따른 흐름 이해하기

앞서 전세가와 전세가율에 대한 내용을 배웠다면 많은 전문가들이 말하는 부동산 사이클에 대한 이해를 할 수 있을 것이다. 부동산 사이클은 일반적으로 수도권보다는 지방 도시들에 잘 적용되는 법칙이다. 이미 설명했지만, 수도권 부동산은 전세가율 변동이 크고 투자 수요가 많아서 수요 예측이 어려운데, 사실 수도권 부동산도 장기적으로 보면 같은 원리의 큰 사이클로 움직이고 있다.

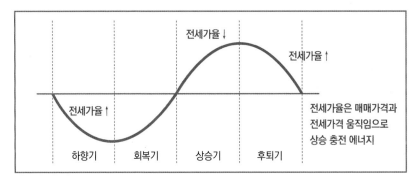

자료 3-9. 부동산 사이클

상승기

부동산 상승기에는 건설사에서 분양을 하면 무조건 완판이다. 수요자들은 대기 수요에서 매매 수요로 넘어가게 되고, 전세보다는 매매를 선호하는 사람들이 많아진다. 그러다 보니 자연스레 **매매가격 상승률이 전세가격 상승률보다 커지게 되면서 전세가율은 하락**한다. 건설사들은 물 들어올 때, 노를 저어야 하니 당연히 실적을 쌓기 위해 인허가를 받고 여기저기에 주택을 착공하기 시작한다. 이렇게 짓기 시작한 주택은 착공 후 2~3년 뒤 입주 물량으로 연결된다. 이때 가장 유의해야 하는 점은 분위기에 너무 휩싸여서 무리한 투자나 상품 가치 없는 부동산을 매수하면 안 된다는 점이다.

 * 특징 : 가파른 매매가격 상승, 전세가율 하락, 건설사 인허가 및 착공 물량 증가.

후퇴기

부동산 가격이 정점을 찍을 때, 입주 물량이 수요보다 많게 되면서 과공급 현상이 발생한다. **높아진 가격에 수요자들의 매매도 뜸해지고 낮아진 전세가율은 부담이 되기 시작**한다. 이런 현상 속에서 청약 경쟁률이 낮아지면서 미분양이 발생하기 시작한다. 하지만, 문제는 여전히 인허가를 받은 주택 대기 물량이 있기 때문에 건설사들은 마지막 밀어내기를 한다는 점이다. 이런 물량 밀어내기는 입주 물량과 연결되며, 2년간 가격 하락을 더욱 가파르게 만든다. 후퇴기에서 유의해야 할 점은 주택 가격이 하락해도 매수를 기다릴 줄 알아야 한다는 점이다. 상승이 하락 추세로 전환되면 2~3년은 최소 유지된다.

 * 특징 : 미분양 증가 및 청약 경쟁률 하락. 매매가격 하락, 건설사 착공 물량 여전히 증가.

하향기

부동산 가격이 정점이던 시기에 진행한 밀어내기 분양 물량이 실제 입주 물량으로 현실화되면서 하락은 지속된다. 미분양이 계속되자 건설사들은 분양을 안 하기 시작한다. 그렇게 가격은 최저점으로 향한다. **한편, 수요자들은 매매보다는 전세를 선호하게 되고, 전세가격이 1차적으로 상승하면서 전세가율은 다시 올라가기 시작한다.** 하락기에서 유의할 점은 부동산 시장에 대한 관심을 놓지 않아야 한다는 점이다. 부동산 가격 하락이 깊어지면 관심의 끈을 놓아버리기 쉬운데, 반등의 실마리를 찾기 위해 이 끈을 놓지 않도록 노력해야 한다.

　* 특징 : 매매가격 하락, 전세가격 상승. 인허가 및 착공 물량 감소.

회복기

주택 가격 상승에 대한 기억이 완전히 잊혀지는 시기가 하락기의 바닥이다. 하락기의 건설사 분양 물량 부족이 입주 물량 부족으로 이어진다. 보통 투자자들은 이 시기 초기부터 움직이기 시작하고, 미분양 물량들이 서서히 줄어들기 시작한다. 실수요자들은 회복기에는 여전히 관망을 하면서 임차로 사는 경우가 많다. 하지만, **입주 물량 부족이 현실화되면 전세가격이 상승하기 시작하고, 전세가율 회복이 빨라진다.** 전세가격의 상승에 따라 실수요자들이 시장에 참여를 하면, 부동산 시장은 완전한 상승기로 다시 돌아가게 된다. 회복기에 유의할 점은 가급적 본인의 상황에 맞는 최상의 주택을 매수하라는 것이다. 이때가 일반인들이 좋은 주택을 매수할 수 있는 가장 좋은 매수 타이밍이다.

　* 특징 : 매매가격 상승, 전세가격 상승. 미분양 감소 및 인허가 물량 다시 조금씩 늘기 시작.

다시 한번 간단히 사이클 원리를 정리하면 다음과 같다.

1. **부동산 상승기에 분양이 무조건 완판 → 건설사에서 실적을 쌓기 위해 여기저기 주택 건설.**
2. **주택을 짓기 시작하면서 2~3년 뒤에는 '공급 > 수요' 현상이 발생하면서 미분양 발생.**
3. **미분양 발생 상태에서도 이미 분양 완료된 주택들은 공사를 지속하고 과공급이 심해짐.**
4. **미분양이 지속되면서 건설사들은 망하거나 분양을 안 하기 시작하며 분양 공급이 부족해짐.**
5. **이 분양 공급 부족 현상은 2년 뒤 실제 입주 부족으로 시장에 반영됨.**

도시의 규모가 클수록 사이클은 길어지고 상승과 하락 기간도 길어지게 되는데, 보통 건설사들의 주택 공급과 함께 총 5~10년 정도의 한 사이클을 나타나게 된다.

부동산 사이클의 원리는 결국 입주 물량, 전세가, 수요자의 심리로 이뤄지는 시스템이고, 이런 흐름을 읽을 수 있다면 누구나 어렵지 않게 부동산 투자 및 매수를 할 수 있다.

수도권 부동산은 결국
같은 흐름으로 움직인다

　서울과 인천의 주택 가격 변동이 서로 연관 관계가 있을까? 답을 먼저 말하자면 'Yes'다. **수도권 부동산에 대한 가격 흐름 이해를 위해 알아야 하는 가장 중요한 점은 바로 수도권 부동산 시장은 같은 방향으로 움직인다는 점이다.** 여기서 수도권이란 서울, 인천, 경기도 지역을 뜻한다. 물론, 수도권이 워낙 넓기 때문에 일시적으로 물량이 몰리는 지역의 경우 가격 흐름이 잠시 다르게 진행될 수 있다. 하지만, 일정 기간의 상승과 하락 시차가 있을 뿐이지 전체적인 분위기는 동일하게 흐른다.

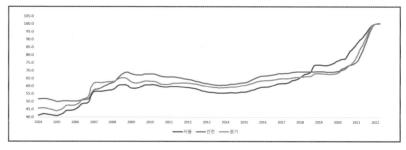

자료 3-10. 수도권(서울, 경기, 인천)의 2004년 이후 부동산 매매가격 흐름
(출처 : KB 부동산 기준 필자 작성)

수도권(서울, 경기, 인천)의 2004년 이후 부동산 매매가격의 흐름이다. 앞의 자료 3-10 그래프는 2021년 12월을 100 기준으로 보고 그래프를 살펴본 것인데, 서울이 해당 기간 동안 가장 많이 올랐다. 하지만, 상승과 하락의 흐름은 서울, 인천, 경기도 지역이 모두 같았다는 점을 알 수 있다. 일반적으로 주택 가격이 오를 때는 같이 오르고 떨어질 때는 같이 떨어진다.

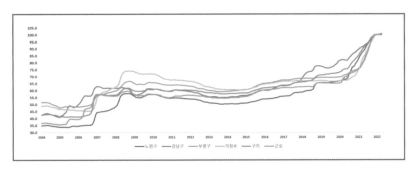

자료 3-11. 서울 노원구/강남구, 인천 부평구, 경기도 의정부/구리/군포 가격 흐름
(출처 : KB 부동산 기준 필자 작성)

　　서울 강남구와 인천 부평구의 가격 연계성이 있다고 하면 믿겠는가? 서울의 노원구/강남구, 인천의 부평구, 경기도의 의정부/구리/군포의 가격 흐름이다. 상승 폭과 상승 시작 시기의 차이는 어느정도 있지만, 전체적인 가격 흐름 자체는 동일하게 움직인다는 점을 알 수 있다. 즉, **서울 강남 집값이 오르기 시작하면, 언젠가 그 흐름이 인천까지도 넘어간다는 뜻이다.**

　　그 이유는 무엇일까? 간단하다. 서울에서 직장을 다니시는 분들은 주변 동료들의 주거지 위치를 한번 보라. 분명히 경기도나 인천에서 출퇴근하는 분들을 어렵지 않게 찾을 수 있을 것이다.

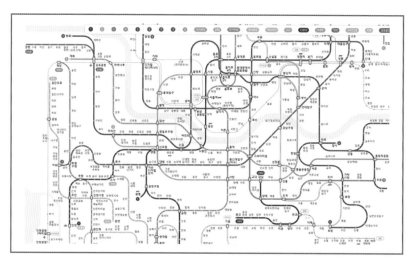

자료 3-12. 수도권 지하철 노선도 (출처 : 네이버 지도)

수도권 지하철 노선도를 보면, 서울부터 인천까지 지하철역이 촘촘하게 연결되어 있다. 경기도와 인천의 서울 접근성은 점점 좋아지고 있고, 서울로 출퇴근할 수 있는 지역의 범위도 늘고 있다. 수도권 내 주택 가격이 서로 영향을 미칠 수밖에 없는 이유다.

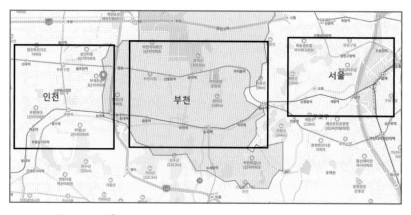

자료 3-13. 서울 구로구, 경기도 부천, 인천 부평구 지도 (출처 : 네이버 지도)

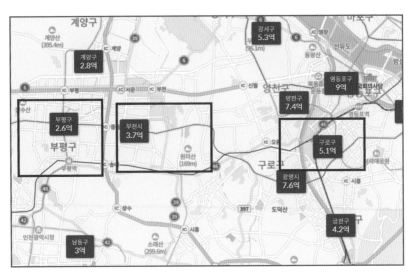

자료 3-14. 서울 구로구, 경기도 부천, 인천 부평구 평균 매매가격 (출처 : 네이버 부동산)

앞의 자료 3-13 지도에 표시된 구로구는 서울, 부천은 경기도, 부평구는 인천이다. 이들은 모두 지하철로 연결되어 있다. 1호선이나 7호선을 타면 5~10정거장 차이다. 즉, 지하철로 10분~20분 거리다.

서울로 출퇴근하는 부부가 주택을 매수한다고 생각해보자. 단순히 직장과의 거리만 고려한다면 직장에서 가장 가까운 구로구의 주택에 거주하려고 주택을 알아볼 것이다. 하지만, 구로구 주택 가격이 비싸서 매수가 불가능하다면? 몇 정거장 뒤에 있는 부천시의 주택 거주를 알아보게 될 것이다. 그리고 더 저렴한 주택을 원한다면 인천의 거주까지 고려하게 되는 것이다. 출퇴근길이 더 고생스럽기는 하겠지만, 그만큼 돈을 아끼게 되니 불가능한 선택도 아니다.

결론적으로, **수도권은 지하철 노선으로 촘촘하게 연결되어 있고, 주**

택 매수자는 지하철로 출퇴근 시간을 계산하면서 거주 지역을 선정하게 된다. 그리고 이 가격 흐름은 입지에 따라 서울 → 경기 → 인천으로 일반적으로 이어지게 된다(물론, 다른 중요한 요인으로는 학군이 있는데, 학군이 직주 근접을 이기는 경우도 있다). 그래서 다소 시차는 걸리지만, 결국 수도권이 같은 흐름이 나올 수밖에 없는 것이다.

상급지에서 하급지로 흐르는
가격의 원리

앞에서 말한 바와 같이 수도권 부동산은 결국 같은 흐름으로 움직인다고 했다. 하지만, 중요한 것은 **입지 우위에 따른 가격 상승/하락 시기의 시차가 있다는 것이다. 그 부동산 흐름을 이해하고 미리 오를 곳을 선점하고 기다리는 것이 투자의 가장 큰 핵심이다.** 지역별로 이 가격 흐름만 이해하고 있어도 손해 보지 않는 부동산 매입을 할 수 있다.

KB 부동산 주간 시계열의 매매가 변동 지수에 따라 가격이 크게 상승하던 시기의 부동산 방향을 한번 살펴보자. 입지 우위는 쉽게 변하지 않는다. 선호하는 지역의 가격 우위에 따라서 주택 수요자들은 움직이고, 상대적인 상급지가 가격이 오르면 시간을 두고 하급지 가격이 오르는 것이 부동산 가격 흐름의 원리다. 주간 부동산 가격 흐름을 통해서 이런 가격 흐름의 원리를 알 수 있을 것이다.

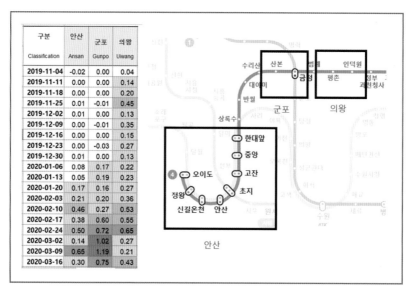

구분 Classification	안산 Ansan	군포 Gunpo	의왕 Uiwang
2019-11-04	-0.02	0.00	0.04
2019-11-11	0.00	0.00	0.14
2019-11-18	0.00	0.00	0.20
2019-11-25	0.01	-0.01	0.45
2019-12-02	0.01	0.00	0.13
2019-12-09	0.00	-0.01	0.35
2019-12-16	0.00	0.00	0.15
2019-12-23	0.00	-0.03	0.27
2019-12-30	0.01	0.00	0.13
2020-01-06	0.08	0.17	0.22
2020-01-13	0.05	0.19	0.23
2020-01-20	0.17	0.16	0.27
2020-02-03	0.21	0.20	0.36
2020-02-10	0.46	0.27	0.53
2020-02-17	0.38	0.60	0.55
2020-02-24	0.50	0.72	0.65
2020-03-02	0.14	1.02	0.27
2020-03-09	0.65	1.19	0.21
2020-03-16	0.30	0.75	0.43

자료 3-15. 의왕-군포-안산 흐름 (출처 : KB 부동산)

가격 움직임은 기본적으로 서울 접근성이 중요하고 지하철 노선을 따라 움직인다. 경기도 서남 지역은 의왕 → 군포 → 안산의 순으로 가격 흐름이 움직이고 있는데, 이 지역 움직임의 핵심은 4호선 라인이다. 의왕의 가격이 크게 오르기 시작하고, 2달이 지난 뒤 군포의 가격이 오르기 시작하고, 2주 뒤 안산의 가격도 크게 오르기 시작한다.

이런 가격 흐름은 신안산선이 개통된다면 안산의 서울 접근성이 달라지면서 흐름 순서가 바뀔 수도 있다. 하지만, 그전까지는 비슷한 흐름으로 가격 움직임이 진행될 것이다.

자료 3-16을 보면, 경기도 동북 지역은 서울 도봉구 → 의정부 → 양주 → 동두천의 순으로 가격 흐름이 움직이고 있다. 동북 지역 움직임의 핵심은 1호선 라인이다(7호선 라인도 있지만 현재 7호선 연장은 공사 중이다).

동북 지역은 자체 일자리 수가 상대적으로 부족하기 때문에 조금 더 정확하게 지하철 라인의 서울 접근성에 따라 가격 흐름 움직임을 보여준다. 가격이 크게 오르지 않던 양주도 2020년 11월부터는 급격하게 오르기 시작했고, 2021년 초부터는 동두천이 마지막으로 움직이기 시작했다.

자료 3-17을 보면, 경기도 동남 지역은 화성 → 오산 → 평택의 순으로 가격 흐름이 움직이고 있는데, 아래로 내려가면서 점점 주요 일자리와 거리가 멀어진다.

지역별로 살펴보면 화성이 가장 먼저 평균 매매가격이 움직이기 시작하고, 오산이 2021년 초부터 뜨거워지기 시작했다. 오산이 가격이 오르니 그 아래에 위치한 평택도 가격이 크게 올랐다.

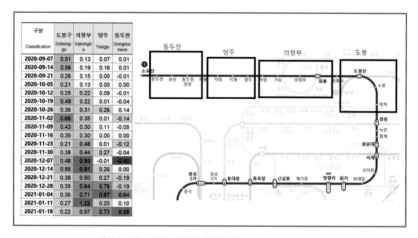

구분 Classification	도봉구 Dobong-gu	의정부 Uijeongbu	양주 Yangju	동두천 Dongducheon
2020-09-07	0.51	0.13	0.07	0.01
2020-09-14	0.56	0.19	0.16	0.01
2020-09-21	0.26	0.15	0.00	-0.01
2020-10-05	0.21	0.13	0.00	0.00
2020-10-12	0.25	0.22	0.09	-0.01
2020-10-19	0.49	0.22	0.01	-0.04
2020-10-26	0.36	0.31	0.26	0.14
2020-11-02	0.66	0.35	0.01	-0.14
2020-11-09	0.43	0.30	0.11	-0.05
2020-11-16	0.35	0.30	0.00	0.00
2020-11-23	0.21	0.48	0.01	-0.12
2020-11-30	0.38	0.44	0.27	-0.04
2020-12-07	0.48	0.93	-0.01	-0.40
2020-12-14	0.58	0.91	0.26	0.00
2020-12-21	0.38	0.50	0.27	-0.19
2020-12-28	0.35	0.64	0.79	-0.19
2021-01-04	0.36	0.71	0.87	0.64
2021-01-11	0.27	1.22	0.20	0.10
2021-01-18	0.22	0.57	0.73	0.88

자료 3-16. 도봉-의정부-양주 흐름 (출처 : KB 부동산)

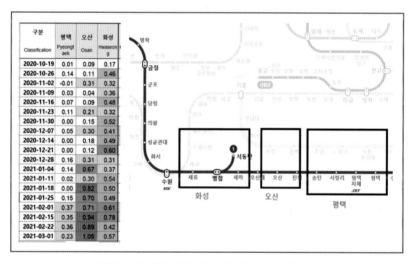

구분 Classification	평택 Pyeongtaek	오산 Osan	화성 Hwaseong
2020-10-19	0.01	0.09	0.17
2020-10-26	0.14	0.11	0.46
2020-11-02	-0.01	0.31	0.32
2020-11-09	0.03	0.04	0.36
2020-11-16	0.07	0.09	0.48
2020-11-23	0.11	0.21	0.32
2020-11-30	0.00	0.15	0.52
2020-12-07	0.05	0.30	0.41
2020-12-14	0.00	0.18	0.49
2020-12-21	0.00	0.12	0.60
2020-12-28	0.16	0.31	0.31
2021-01-04	0.14	0.67	0.37
2021-01-11	0.02	0.30	0.54
2021-01-18	0.00	0.82	0.50
2021-01-25	0.15	0.70	0.49
2021-02-01	0.37	0.71	0.61
2021-02-15	0.35	0.94	0.78
2021-02-22	0.36	0.89	0.42
2021-03-01	0.23	1.05	0.57

자료 3-17. 화성-오산-평택 흐름 (출처 : KB 부동산)

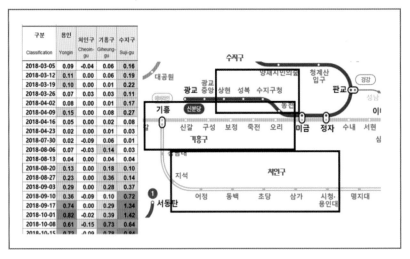

구분 Classification	용인 Yongin	처인구 Cheoin-gu	기흥구 Giheung-gu	수지구 Suji-gu
2018-03-05	0.09	-0.04	0.06	0.16
2018-03-12	0.11	0.00	0.06	0.19
2018-03-19	0.10	0.00	0.01	0.22
2018-03-26	0.07	0.03	0.03	0.11
2018-04-02	0.08	0.00	0.01	0.17
2018-04-09	0.15	0.00	0.08	0.27
2018-04-16	0.05	0.00	0.02	0.08
2018-04-23	0.02	0.00	0.01	0.03
2018-07-30	0.02	-0.09	0.06	0.01
2018-08-06	0.07	-0.03	0.14	0.03
2018-08-13	0.04	0.00	0.04	0.04
2018-08-20	0.13	0.00	0.18	0.10
2018-08-27	0.23	0.00	0.36	0.14
2018-09-03	0.29	0.00	0.28	0.37
2018-09-10	0.36	-0.09	0.10	0.72
2018-09-17	0.74	0.00	0.29	1.34
2018-10-01	0.82	-0.02	0.39	1.42
2018-10-08	0.61	-0.15	0.73	0.64
2018-10-15	0.73	-0.09	0.78	0.84

자료 3-18. 용인시 시장 흐름 (출처 : KB 부동산)

용인시 같은 경우는 수지구 → 기흥구 → 처인구의 순으로 움직이고 있는데, 이곳은 지하철 노선의 효용성 차이로 판단을 해야 한다.

수지구는 강남 접근성이 매우 좋은 신분당선, 기흥구는 서울 도달까지 오랜 시간이 걸리지만 그래도 서울로 도달하는 분당선, 처인구는 용인 내에서만 지하철이 움직이는 에버라인 노선이 있다. 참고로, 처인구는 같은 용인시이지만 실제 서울 접근성이 상당히 떨어지는 지역으로 오산과 흐름이 비슷하게 움직인다.

이러한 가격의 흐름은 수도권뿐 아니라 모든 지방 도시에서 동일하게 적용되고 있다. 다만, **지방 도시일수록 직주 근접의 위력보다는 학군의 위력이 강하다.** 울산의 경우, 2020년 하반기 부동산 시장의 흐름을 보면, 학군지인 남구를 중심으로 중구, 북구/울주군, 동구의 순서로 움

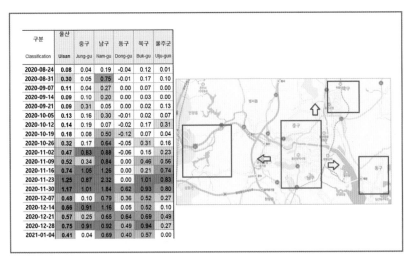

구분 Classification	울산 Ulsan	중구 Jung-gu	남구 Nam-gu	동구 Dong-gu	북구 Buk-gu	울주군 Ulju-gun
2020-08-24	0.08	0.04	0.19	-0.04	0.12	0.01
2020-08-31	0.30	0.05	0.75	-0.01	0.17	0.10
2020-09-07	0.11	0.04	0.27	0.00	0.07	0.00
2020-09-14	0.09	0.10	0.20	0.00	0.03	0.00
2020-09-21	0.09	0.31	0.05	0.00	0.02	0.13
2020-10-05	0.13	0.16	0.30	-0.01	0.02	0.07
2020-10-12	0.14	0.19	0.07	-0.02	0.17	0.31
2020-10-19	0.18	0.08	0.50	-0.12	0.07	0.04
2020-10-26	0.32	0.17	0.64	-0.05	0.31	0.16
2020-11-02	0.47	0.83	0.88	-0.06	0.15	0.23
2020-11-09	0.52	0.34	0.84	0.00	0.46	0.56
2020-11-16	0.74	1.05	1.26	0.00	0.21	0.74
2020-11-23	1.25	0.87	2.32	0.00	1.01	0.83
2020-11-30	1.17	1.01	1.84	0.62	0.93	0.80
2020-12-07	0.48	0.10	0.79	0.36	0.52	0.27
2020-12-14	0.66	0.91	1.16	0.05	0.52	0.10
2020-12-21	0.57	0.25	0.65	0.64	0.69	0.49
2020-12-28	0.75	0.91	0.92	0.49	0.94	0.27
2021-01-04	0.41	0.04	0.69	0.40	0.57	0.00

자료 3-19. 울산시 시장 흐름 (출처 : KB 부동산)

직이고 있다.

이 상승 순서는 일반적으로 다음 상승장에도 동일하게 적용될 것이다. 사람들이 선호하는 주거지나 학군에 따른 순서는 그리 쉽게 변하지 않기 때문이다. 이 상승장의 순서를 잘 알고 있다면, 부동산 시장에서 흐름을 읽고 그다음 상승할 곳을 선점할 수 있을 것이다.

신축에서 구축으로 흐르는
가격의 원리

　같은 지역과 같은 입지에서도 아파트 가격 상승에는 흐름이 있다. 이는 사람들이 선호하는 아파트의 순서에 따라 움직이는데 다음과 같다.

1. 신축 → 준신축 → 구축(재건축 아파트 제외)
2. 역세권 → 비역세권
3. 학군, 초품아, 상권 요인 등이 우수한 곳.
4. 브랜드 → 비브랜드
5. 대규모 단지 → 소규모 단지 → 나 홀로 아파트

　굳이 별도 설명을 하지 않아도 왜 그런지 이해할 수 있을 것이다. 하지만 여기서 중요한 것은 실거주 목적이 아니라 투자 목적이라면 굳이 신축을 살 필요도 없고, 초품아를 살 필요도 없다는 것이다. 그것보다 중요한 것은 흐름에 맞춰서 저평가 주택을 싸게 매수하는 것이다.

자료 3-20. 성남 남한산성역 인근 아파트 (출처 : 호갱노노)

성남 남한산성역 인근의 단대푸르지오와 진흥더블파크다. 단대푸르
지오는 대단지에 2012년식 브랜드 아파트이고, 진흥더블파크는 2005
년식 비브랜드 아파트다. 누가 봐도 단대푸르지오 거주를 사람들은 선
호할 것이다.

2017년 3월 당시 신축인 단대푸르지오 34평 아파트는 5억 원 초반
이었고, 2017년 하반기로 가면서 5억 원 후반으로 가격이 넘어갔다.
2018년 4월에는 앞자리가 바뀌어서 6억 원 초반에 매도가 되기 시작
했다. 반면, 진흥더블파크는 2018년 중반까지 큰 변동이 없다. 유의미
한 가격 상승이 나오기 시작한 것은 2019년 중반부터다. 두 아파트 시
세 변동의 시차는 거의 1년이었다. 이때만 해도 유동성이 그리 강하지
않은 시기라 꽤 오랜 시차가 있었는데, 절대 가격 면에서 보면 단대푸르
지오를 매수하는 것도 나쁘지 않지만, 2018년 초에 만약 진흥더블파크

	단대푸르지오		진흥더블파크	
2018.06.	6억 4,500(1일,11층)	2019.10.	5억 1,000(3일,3층)	
2018.05.	5억 9,250(26일,1층)	2019.09.	4억 9,000(24일,2층)	
2018.04.	6억(12일,10층) 6억 2,300(4일,3층)	2019.07.	4억 9,000(27일,2층) 4억 8,000(6일,15층)	
****		****		
2017.08.	5억 4,800(19일,10층)	2019.01.	4억 5,000(19일,12층)	
2017.07.	5억 3,350(27일,4층) 5억 5,500(22일,13층)	2018.08.	4억 4,800(24일,3층) 4억 6,000(19일,12층)	
	5억 2,600(19일,14층)		4억 5,500(4일,7층) 4억 3,000(4일,15층)	
			4억 3,000(1일,5층) 4억 6,000(1일,7층)	
2017.03.	5억 2,000(29일,6층) 5억 3,000(19일,10층)	****		
	5억 1,700(14일,6층)	2017.08.	4억 2,500(26일,5층) 4억 2,000(3일,12층)	
2017.02.	5억(7일,18층) 5억 2,500(3일,14층)	2017.06.	4억 2,500(2일,6층)	

자료 3-21. 단대푸르지오(좌)와 진흥더블파크(우) 가격 변동 (출처 : 네이버 부동산)

를 매수했다면 6,000~7,000만 원의 소액 갭 투자가 가능했고, 수익률 은 훨씬 좋았을 것이다.

자료 3-22. 수원 봉영로 인근 아파트 (출처 : 호갱노노)

비슷한 다른 예시는 수원에서도 찾을 수 있는데, 길가를 마주 보고 있는 영통SK뷰와 영통뜨란채다. 영통SK뷰는 2016년식 신축 브랜드 아파트이고, 영통뜨란채는 초품아이지만 2005년식 아파트다.

영통SK뷰

날짜	거래 내역	
2020.02.	7억 1,000(18일,16층)	
2020.01.	7억 5,000(29일,12층)	7억 4,000(21일,7층)
2019.12.	6억 1,000(13일,2층)	7억(11일,18층)
2019.11.	6억(9일,19층)	
2019.10.	5억 8,000(1일,3층)	
2019.09.	6억 4,000(27일,8층)	5억 8,000(21일,7층)
	5억 3,300(19일,1층)	5억 8,000(10일,14층)
	5억 7,000(5일,10층)	
2019.08.	5억 3,000(31일,2층)	5억 4,000(30일,2층)
	5억 5,800(26일,11층)	
2019.07.	5억 6,000(22일,15층)	5억 6,500(20일,15층)
	5억 5,000(6일,10층)	

영통뜨란채

날짜	거래 내역	
2020.07.	4억 1,000(27일,5층)	4억 3,000(18일,17층)
	4억 3,850(17일,9층)	4억 1,800(17일,21층)
	4억 1,400(15일,14층)	4억 1,000(11일,19층)
	4억 2,500(4일,23층)	4억 1,900(4일,19층)
	4억 2,700(1일,12층)	
2020.06.	4억 4,000(30일,24층)	4억 2,500(23일,20층)
	....	
2019.11.	3억 2,500(16일,19층)	2억 9,200(15일,3층)
	3억 1,300(14일,11층)	3억 1,800(13일,22층)
	3억 1,300(2일,6층)	3억 2,000(2일,13층)
	3억 1,000(1일,5층)	
2019.08.	2억 9,000(28일,22층)	
2019.07.	3억 500(12일,23층)	3억(9일,11층)

자료 3-23. 영통SK뷰(좌)와 영통뜨란채(우) 가격 변동 (출처 : 네이버 부동산)

2019년 하반기 수원은 큰 상승기를 맞았는데 해당 아파트들도 마찬가지였다. 영통SK뷰의 2019년 7~8월 가격은 5억 원 중반이었고, 유의미한 가격 움직임은 2019년 12월부터 나오기 시작했다. 2020년 초에는 매도가격이 7억 원 이상으로 가격이 한 번에 2억 원 가까이 뛰었다. 영통뜨란채는 정확히 신고가 찍히는 것이 한 달 정도 늦었다. 유의미한 가격 움직임은 2020년 1월부터 나오기 시작했고, 2020년 5~6월을 넘어가니 원래 가격 대비 약 30% 시세 상승이 나왔다. 두 아파트의 시차는 약 한 달 정도였다. 만약, 2019년 12월에 영통SK뷰가 아니라 영통뜨란채를 매수했다면, 당시 투자금은 갭 4,000만 원이면 충분했으니 수익률은 훨씬 좋았을 것이다.

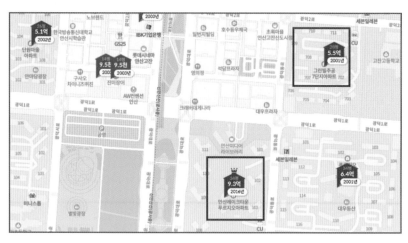

자료 3-24. 안산 호수역 인근 아파트 (출처 : 호갱노노)

마지막으로, 신안산선 예정지인 안산 '호수역' 인근의 아파트다. 안산 레이크타운푸르지오는 대단지 브랜드 2016년식 신축인 반면, 그린빌 주공 7단지는 같은 역세권이고 상권은 동일하지만, 보다 작은 규모의 비브랜드 2002년식 구축 아파트다.

	안산레이크타운푸르지오		그린빌 주공 7단지
2020.03.	4억 9,500(7일,18층)	2020.04.	3억 4,300(27일,5층)
2020.02.	4억 9,300(26일,22층) 4억 5,000(7일,1층) 4억 7,000(7일,22층) 4억 8,500(4일,19층)	2020.03.	3억 4,800(28일,11층) 3억 3,700(25일,2층) 3억 3,200(4일,5층) 3억 2,000(2일,12층)
2020.01.	4억 6,200(31일,4층) 4억 4,450(28일,21층) 4억 8,600(18일,21층) 4억 8,000(9일,26층) 4억 5,000(4일,15층)	2020.02.	2억 7,900(29일,1층) 2억 8,000(29일,1층) 3억 1,700(26일,3층) 3억 2,500(22일,11층) 2억 9,000(21일,1층) 3억 1,500(19일,5층) 3억 2,000(15일,10층) 3억 2,000(13일,7층) 3억(10일,4층) 3억 1,000(5일,6층)
2019.10.	4억 1,000(31일,17층) 4억 2,500(30일,17층) 4억 700(29일,3층) 4억(26일,6층) 4억 4,000(25일,15층) 4억 3,850(25일,22층) 3억 9,800(24일,4층) 4억 1,000(22일,19층) 4억 1,800(19일,24층) 4억 2,500(14일,20층) 4억 1,500(8일,20층) 4억 1,600(3일,25층) 3억 7,500(3일,5층) 3억 9,000(1일,14층)	2020.01.	2억 9,300(30일,15층) 2억 9,500(21일,9층) 2억 7,500(20일,1층) 2억 9,500(19일,13층) 3억(19일,5층) 2억 9,000(17일,15층) 2억 8,800(15일,9층) 2억 6,000(9일,1층)
2019.09.	3억 8,000(30일,5층) 4억 1,900(26일,29층) 4억 1,500(25일,28층) 4억 800(21일,11층) 4억(9일,23층) 4억 9,300(5일,24층)	2019.11.	2억 8,000(16일,7층)
		2019.10.	2억 6,800(29일,6층) 2억 5,400(19일,2층) 2억 7,000(15일,3층) 2억 9,300(10일,8층)

자료 3-25. 안산레이크타운푸르지오(좌)와 그린빌 주공 7단지(우) 가격 변동
(출처 : 네이버 부동산)

안산레이크타운푸르지오는 2019년 9~11월에 엄청난 거래량을 보이며 매매가 활발히 진행된다. 유의미한 가격 움직임은 2020년 1월로 넘어가자마자 나오기 시작한다. 반면, 그린빌 주공 7단지는 9~11월까지는 거래량이 잠잠하다가 2020년 초부터 엄청난 거래량을 보여준다. 그리고 2020년 3월이 지나가는 시점에는 이미 매매가격이 어느 정도 올라간 것을 확인할 수 있다. 두 아파트의 시차는 약 3개월 정도였다. 안산레이크타운푸르지오는 2020년 초에도 상대적으로 전세가격이 낮았기 때문에 꽤 많은 투자금이 필요했다. 하지만, 그린빌 주공 7단지는 2020년 1월에 매수를 했다면 갭 5,000만 원 이내 거래가 가능했다. 단순 투자 수익률은 당연히 후자가 더 좋았다.

소비자는 합리적인 소비를 할 수밖에 없고 똑똑하게 움직인다. 그렇기 때문에 **부동산 시장은 입지, 신축, 편의성 등에 따라 좋은 곳의 가격이 먼저 움직이고, 가격이 벌어지면 상품성이 상대적으로 떨어지는 곳의 가격이 쫓아가게 되어 있다. 신축을 놓쳤다면 같은 입지의 구축에서 투자 기회를 찾아보자.** 이를 이용할 줄 안다면 최적의 매수 타이밍과 매도 타이밍을 찾을 수 있을 것이다.

부동산 가격 하락의
신호 찾기

부동산 시장의 가격 하락 지표를 찾는 것은 상승 지표를 찾는 것보다 더 어렵다. 하지만, 몇 가지 하락 요인을 고려해서 투자를 한다면 가격이 하락하는 곳의 부동산 매수를 피하거나 매도 시기를 찾을 수 있을 것이다.

하락을 판단하는 1번 요인은 당연히 입주 물량이다. 앞서 누차 말했지만, 추후 입주 물량 수준에 따라서 전세가격 변동 및 매매가격 변동을 예측할 수 있다. 앞으로 입주 물량이 많아진다면 매매가격 하락이 나올 가능성이 매우 높으니 이런 곳의 주택 매수는 조심해야 한다. 다만, 문제는 시장은 종종 입주 물량보다는 분양 물량에 무너진다는 것이고, 분양 대기 물량은 일반인들이 미리 파악하기는 어렵다. 그렇기 때문에 단순 착공 예정 물량만 보지 말고, 부동산 통계의 인허가 물량을 살펴봐야 한다.

하락을 판단하는 2번 요인은 수요의 변동이다. 이는 해당 지역의 청약 경쟁률을 통해 파악이 가능하다. 신축임에도 청약 경쟁률이 미달이거나 예상보다 경쟁률이 낮아진 경우, 구축 아파트의 가격 유지가 위태로워진다. 물론, 분양가격 자체가 비싼 것이 문제일 수도 있지만, 그만큼 수요가 부동산 시장을 좋지 않게 본다는 뜻이기 하다. 다만, 청약 경쟁률은 해당 주택의 입지에 따라서 달라질 수도 있으니 이런 점은 염두에 두고 경쟁률 변화를 찾아봐야 한다. 예를 들면, C급지의 주택 청약 경쟁률은 당연히 낮으니 이를 두고 무조건 하락이라고 할 수는 없다. 다만, A급지 주택 청약 경쟁률이 흔들리기 시작한다면, 기존 구축 주택 가격이 흔들릴 가능성이 높다. 참고로, 청약 경쟁률은 청약홈에서 확인이 가능하다.

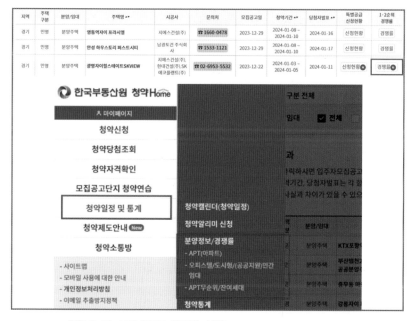

자료 3-26. 분양 경쟁률 확인하는 방법 (출처 : 한국부동산원 청약홈)

마지막으로, 청약 경쟁률 미달과 관련해 미분양의 증가와 소화 정도
는 항상 잘 체크해야 한다. 미분양 거래량 증가에 따른 미분양 감소를
부동산 가격의 상승 신호로 흔히 판단하는데, 거래가 잘 안 된다면 당
연히 가격 하락의 신호다. 특히, 공사 완료 후 분양이 안 되는 준공 악성
미분양은 해당 지역 부동산 가격 하락의 주요 원인으로 당분간 시장 회
복이 어렵다는 뜻이다. 미분양 역시 아실이나 부동산지인 등의 프롭테
크를 활용하면 쉽게 파악이 가능하다.

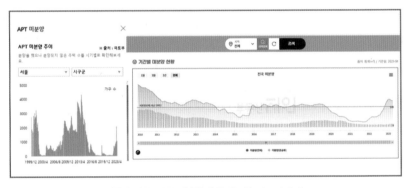

자료 3-27. APT 미분양 추이 (출처 : 부동산지인)

　　부동산 하락은 항상 상승의 마지막에 사람들이 '무조건 오른다'라고
하는 순간에 찾아온다. 항상 객관적으로 판단하고 너무 상승에 도취되
지 않아야 한다. 그럴 자신이 없다면 최대한 보수적인 투자자가 되어라.

PART

04

부동산 투자의 기본 II,
어디를 사야 하는지 파악하기

네이버 부동산
'개발' 버튼을 이용하라

네이버 부동산에서 내가 가장 자주 사용하는 기능은 바로 '개발' 버튼이다. 각 지역에는 여러 가지 호재가 있는데, 모든 호재를 항상 파악하고 있기는 어렵다. 이 '개발' 버튼은 철도 호재, 도로 호재, 신규 택지, 산업단지 조성 등 국가의 예정된 사업을 보여주는데, 아주 간단하게 여러 가지 내용을 확인할 수 있다.

'개발'버튼은 자료 4-1과 같이 네이버 부동산 우측 상단에서 찾을 수 있는데, 이를 어떻게 활용하면 좋을까?

먼저, 교통 호재 확인이 가능하다. 교통 호재에는 신규 지하철 노선뿐 아니라 신규 도로나 철로까지 표기가 되는데, 이는 지역에 따라 호재가 미치는 영향력이 다르다. 특히, 수도권 외곽 지역의 신규 지하철 노선 개통이나 지하철역 신설 호재는 일자리가 많은 곳까지의 통근 시간을 크게 줄여주는 직주 근접 개선 역할을 하게 되면서 해당 지역 급등의 촉매제 역할을 한다. 초보자라면 교통 호재의 준공 예정 연도가 써 있는

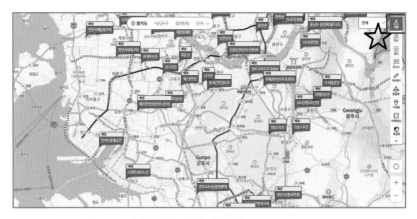

자료 4-1. 개발 버튼으로 호재 파악하기 (출처 : 네이버 부동산)

호재를 좀 더 주목하고, 준공 실현 가능성에 대해 확인을 해야 한다.

　물론, 철도 호재 옆에 기재된 예정 연도를 그대로 믿으면 안 된다. 일반적으로 철도 호재는 개발 과정에서 여러 가지 지연 사유가 생겨서 그대로 진행되는 경우가 거의 없다.

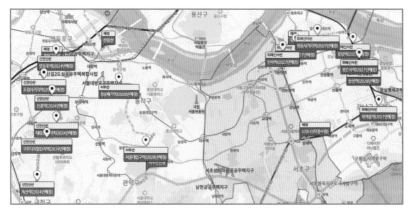

자료 4-2. 개발 버튼을 통한 철도 호재 파악하기 (출처 : 네이버 부동산)

네이버 부동산 사이트와 더불어 아실 사이트에서 '교통망' 호재를 같이 보면 자료 4-3과 같이 현재 해당 호재는 몇 번째 단계에 있고, 실제 어느 정도 시간이 더 걸릴지 판단할 수 있다.

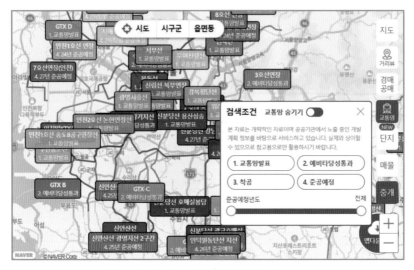

자료 4-3. 교통망 호재 단계 파악하기 (출처 : 아실)

교통 호재는 다시 한번 설명하겠지만 일반적으로 발표 단계에서부터 20년이 넘게 걸리는 아주 긴 공사이기 때문에 호흡을 매우 길게 보고 부동산 매수를 판단해야 한다. 실제 호재가 실현되기 전까지 호재만 보고 진행하는 매수는 매우 위험하다.

다음으로, 국가에서 택지나 도시 개발을 계획을 하는 경우, 토지 매입을 하고 그 토지를 용도에 맞춰서 계획을 하게 된다. **이 토지의 용도를 미리 개발 버튼으로 파악이 가능하다.** 노란색은 공동 주택(일반적으로 아파트) 자리, 분홍색은 상업 지역이나 업무 시설 자리, 파란색은 학교와 같은 교육 시설 자리, 회색은 지원 시설 자리가 들어설 예정이라는 것을 알 수 있다.

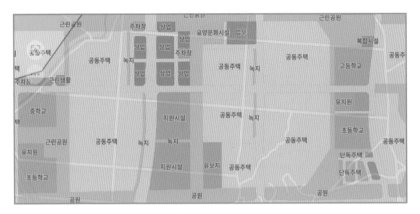

자료 4-4. 도시 개발 계획 상세 파악하기 (출처 : 네이버 부동산)

예를 들면, 3기 신도시 중 하나인 고양 창릉 지구의 토지 용도를 같이 살펴보겠다.

자료 4-5. 고양 창릉 지구 현재 현장 모습 (출처 : 네이버 부동산)

창릉공공주택 지구 자리에서 거리뷰를 통해 현장을 찾아보면 아직 논밭이고, 실제 이 자리가 택지 지역에서 어떤 용도의 땅인지 알 수 없다. 하지만, 개발 버튼을 눌러서 보면 자료 4-6과 같이 각 용도 확인이 가능하다.

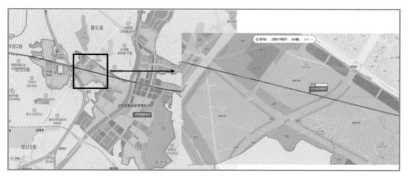

자료 4-6. 고양 창릉 지구 택지 용도 파악하기 (출처 : 네이버 부동산)

앞의 자료 4-5에서 봤던 땅은 아파트가 지어질 자리로, 대규모 아파트 단지와 공원 조성이 같이 될 예정이다. 현장에서는 볼 수 없는 것이 네이버 개발 버튼 클릭 한 번으로 확인이 가능한 것이다. 우리는 이를 통해서 주변 경관이 어떻게 바뀔지, 다른 동네에는 어떤 영향을 미칠지를 미리 고려해서 부동산 시장에 접근해야 한다.

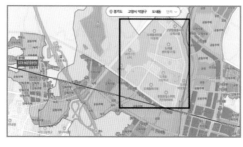

자료 4-7. 고양 원흥 지구의 위치 (출처 : 네이버 부동산)

예를 들면, 원흥 지구 같은 경우는 이전에는 섬과 같이 다른 지역과 연결성이 없는 곳이었지만, 이제는 창릉 신도시와 시너지 효과로 인프라가 크게 확장될 것으로 보인다.

원흥 지구 주변은 창릉 신도시의 공원과 업무 시설이 위치할 예정이다. 또한, 지하철 호재도 함께 누리게 된다.

마지막으로 예정 국가 산업 단지 확인이 가능하다.

용인에서도 외곽지에 속하는 처인구 이동읍 지역은 2023년 초 수도권 전체가 하락기였음에도 불구하고, 용인 반도체 특구 지정 소식에 크게 가격이 반등한 적이 있다. 일자리 창출은 부동산 가격 형성에 매우 중요한 요인이고, 가장 큰 호재다.

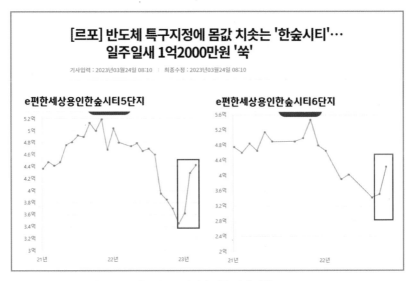

자료 4-8. 반도체 특구지정에 따른 가격 변화 (출처 : 아실)

자료 4-9와 같이 국가 산업 단지 확인을 하고, 실제 사업 기간과 사업 진척 정도를 확인해서 미래 일자리 창출 및 수요를 예측해보자.

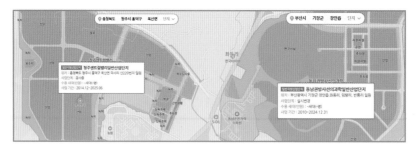

자료 4-9. 국가 산업 단지 확인하기 (출처 : 네이버 부동산)

관심 있는 지역에서 산업 단지 사업이 진행 중이고 계획 승인까지 완료됐다면, 어느 정도 수요 증가 효과가 있는지 스스로 탐색해보면 좋다 (고용 인원수를 확인하는 것이 중요하다). 특히, 산업 단지가 현재 공사 중인데 주변에 주택 입주 계획이 없다면, 기존 주택 가격이 한 차례 상승할 수 있는 좋은 기회가 된다.

교육 환경이 좋은
학군지를 찾아내라

우리나라 부동산 가격 형성의 주요 요인 두 가지를 꼽으라고 하면 아마 직주 근접과 학군일 것이다. 우리나라의 교육열은 모든 분야에 걸쳐서 영향을 주고 있는데, 부동산에서도 예외는 아니다. 학군이 좋은 곳은 항상 수요가 몰리고, 수요가 몰리면 가격은 당연히 올라가게 되어 있다. 한 지역에서 주택 가격이 가장 비싸고, 실거주로 선호하는 동네는 일반적으로 학군이 그 지역에서 가장 좋은 동네다. 요즘 프롭테크는 잘되어 있기 때문에 학군을 쉽게 확인할 수 있다. 학군을 확인하는 가장 간단한 방법은 학업 수준과 학원 개수를 확인하는 것이다. '아실' 사이트를 통해서 학군을 파악하는 방법을 간단히 보여주면 다음 자료 4-10과 같다.

아실의 왼쪽 하단의 학군 버튼을 누르면 학군 수준이 나온다. 여기에 나오는 숫자는 국가수준 학업 성취도 평가 점수이며, 특목고 진학 학생 숫자나 진학률도 별도 확인이 가능하다.

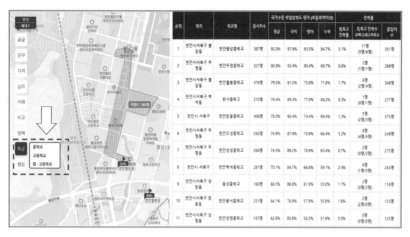

순위	위치	학교명	응시자수	국가수준 학업성취도 평가 (보통학력이상)				진학률		졸업자수
				평균	국어	영어	수학	특목고 진학률	특목고 진학수 (과학고/외고/예고)	
1	천안서북구 불당동	천안불당중학교	387명	92.0%	97.9%	93.5%	84.7%	3.1%	11명 (5명/6명)	351명
2	천안시서북구 두정동	천안두정중학교	327명	80.8%	92.4%	80.4%	69.7%	0.6%	2명 (1명/1명)	288명
3	천안시서북구 불당동	천안불봉중학교	376명	79.5%	91.0%	75.8%	71.8%	1.7%	6명 (2명/4명)	348명
4	천안시서북구 백석동	쌍서중학교	270명	78.4%	89.3%	77.8%	68.2%	0.3%	1명 (0명/1명)	277명
5	천안시 서북구	천안방죽중학교	406명	78.0%	90.4%	74.4%	69.4%	1.3%	5명 (2명/3명)	375명
6	천안시서북구 두정동	천안오성중학교	265명	74.9%	87.9%	70.6%	66.4%	3.2%	8명 (4명/4명)	248명
7	천안시서북구 두정동	천안성성중학교	268명	74.5%	89.2%	70.9%	63.4%	0.7%	2명 (0명/2명)	275명
8	천안시 서북구	천안백석중학교	281명	70.1%	84.7%	66.6%	59.1%	2.4%	6명 (1명/5명)	243명
9	천안시서북구 성환읍	동성중학교	160명	60.5%	88.8%	61.9%	55.0%	1.7%	2명 (0명/2명)	116명
10	천안시서북구 쌍용동	천안봉서중학교	251명	64.1%	78.9%	57.8%	55.8%	1.6%	2명 (2명/0명)	123명
11	천안시서북구 성정동	천안성정중학교	187명	62.6%	85.6%	50.3%	51.9%	0.0%	0명 (0명/0명)	125명

자료 4-10. 천안시 서북구 학업성취도 평가 (출처 : 아실)

천안을 예를 들면, 자료 4-10과 같이 천안 불당중이 92%로 매우 높은 학업 성취도를 보여주고 있고, 특목고 진학 학생 수도 11명으로 가장 많다. 해당 학교를 천안에서 가장 선호할 것이라는 것을 알 수 있다.

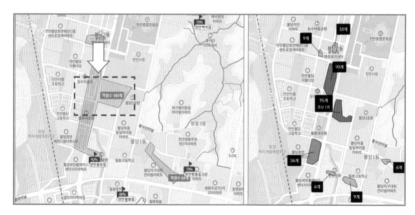

자료 4-11. 천안 신불당 인근 학원 수 (출처 : 아실, 호갱노노)

또한, 아실 사이트는 해당 상권의 학원 개수도 나오는데, 신불당 같은 경우 학원 수도 무려 183개가 중심 상권에 위치하고 있어서 교육 환경이 좋다는 것을 알 수 있다(참고로, 아실뿐 아니라 앞의 자료 4-11과 같이 '호갱노노' 사이트에서도 학원 수나 평균 학원 비용을 확인할 수 있다).

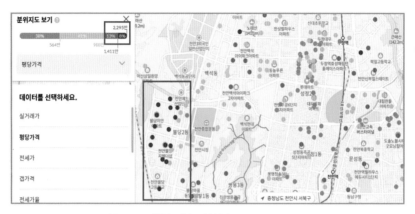

자료 4-12. 천안 서북구 분위지도 (출처 : 호갱노노)

종합해보면 천안 서북구에서는 불당동이 학군 기준으로 가장 선호되는 곳이라는 사실을 알 수 있고, 자료 4-12와 같이 분위지도로 보면, 해당 지역에서 가장 부동산 시세가 비싼 동네라는 것을 알 수 있다.

앞서 본 내용과 같이 학업 성취도 점수와 학원 숫자 확인을 통해서 우리는 그 지역에서 어디가 가장 좋은 학군 입지인지가 확인이 가능하다. 학업 성취도 점수가 좋은 학교가 있는데 학원까지 몰려 있는 지역이라면 최상의 학군 입지이고, 그 지역에서 일반적으로 주택 가격이 가장 비싼 동네일 가능성이 높다.

같은 방법으로 각 도시에서 학업 성취도 점수가 높고, 학원이 많이 있는 곳을 찾아보면 자료 4-13과 같다.

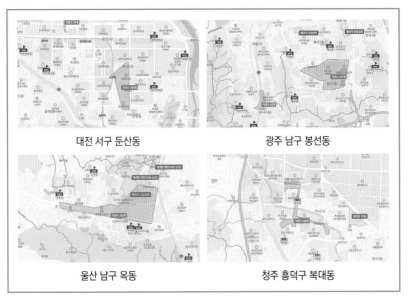

대전 서구 둔산동 / 광주 남구 봉선동 / 울산 남구 옥동 / 청주 흥덕구 복대동

자료 4-13. 각 도시별 학군 지역 (출처 : 아실)

이 지역들은 해당 도시의 최고 학군 입지이고, 실수요자들이 가장 선호하는 동네다. 실수요자들이 움직일 때는 이들 지역을 중심으로 움직이니 다른 지역보다 가격 상승이 조금 더 빠르고, 다른 지역보다 가격 하락 방어가 낫다고 할 수 있다.

다시 한번 정리하면, 학군은 부동산 가격 형성의 가장 중요한 구성 요소 중 하나이니 미리 학군 선호 동네나 단지를 손품으로 파악하고, 부동산 임장을 다니길 추천한다. **한번 형성된 전통적인 학군 입지는 역사적으로 쉽게 변하지 않았다.**

앞으로 동네 변화가 많은 곳을
매수하라

다른 지역보다 조금 더 많이 오르는 부동산을 매수하고 싶다면, 동네 자체가 크게 바뀌는 곳을 매수하는 것이 좋다. 허름한 동네가 살기 좋은 동네로 변하면 인프라도 발전하고, 사람들이 선호하는 주거지가 된다는 사실은 누구나 알고 있지만, 사람들은 막상 자기 눈앞에서 그 변화된 모습을 보기 전까지는 평가절하하는 경우가 많다.

동네가 천지개벽할 정도로 많이 변화한 대표적인 예시는 수도권의 뉴타운 지역들이다. 실제 서울에는 왕십리 뉴타운, 길음 뉴타운, 은평 뉴타운, 신길 뉴타운 등 다양한 뉴타운 지역들이 있으며, 이곳은 계획하에 정비가 되어서 매우 좋은 거주 여건을 갖추고 있다. 그리고 이런 택지, 개발 지역 주변의 구축 아파트 역시 이런 변화와 함께 거주 여건이 크게 개선됐다.

예를 들면, 지금은 가재울 뉴타운의 중심부에 위치해 있는 2005년식 구축 아파트인 DMC쌍용스윗닷홈 주변 도로의 정비 모습이다. 원래 이 아파트 주변은 낡은 건물이 많은 빌라촌이었는데, 현재는 도로가 확장되고 주변이 깨끗하게 정비되어 살기 좋은 동네로 변모하게 됐다.

자료 4-14. DMC쌍용스윗닷홈 주변 도로 정비 전후 (출처 : 네이버 지도)

이런 주변 환경 변화는 우선 임차인들이 선호하는 지역으로 변하면서 전세가격 상승 효과를 가져오게 되고, 결국 상대적으로 더 높은 매매가격 상승과 연결된다.

다음 자료 4-15와 같이 DMC파크뷰자이가 입주하면서 가재울뉴타운이 완성되는 시기인 2016년 이후부터 해당 아파트 가격이 급격하게 상승한 것을 확인할 수 있으며, 원래 이곳보다 가격이 더 비싼 아파트 가격의 상승을 역전한 것을 확인할 수 있다.

자료 4-15. DMC쌍용스윗닷홈 아파트의 가격 변화 (출처 : 아실)

　이와 같이 앞으로 이렇게 주변 도로가 정비되고, 생활 인프라가 더 좋아지는 동네의 구축 아파트에 관심을 가지고, 이 동네가 5년 뒤 그리고 10년 뒤 어떻게 변할지를 상상해보라. 더 많은 수익은 이런 동네에서 나온다.

학교 배정이 어디로 되는지
꼭 확인하라

앞서 이미 설명했지만, 부동산 가격 형성의 주요 요소 중 하나가 바로 학군이다. 자녀를 둔 부모들은 이사 가기 전 가장 먼저 확인하는 것이 자녀가 어떤 학교를 다니게 되고, 면학 분위기는 좋은지를 파악하는 일이다. 고학년 자녀를 둔 부모들은 학교 성적이 중요해서 앞선 글에서 언급한 학업 성취도 평가 점수 등이 가장 중요한 요소이지만, 초등학교 저학년 자녀를 둔 부모들에게 가장 중요한 것은 집에서 학교까지의 거리나 가는 길에 위험한 요인(찻길, 기찻길 등)이 있는지 여부일 것이다. 그러니 당연히 초등학교를 품은 아파트인 '초품아' 단지 선호도가 높은 것이다.

실거주가 아니라 투자 목적으로 주택 매수를 하더라도 학업 성적이나 학교와의 거리 등의 문제는 매도할 때 민감한 요소이니 세밀하게 이런 것들을 미리 확인해야 한다. 결국, 이런 요인들은 결국 주택 가격 형성에 영향을 미치기 때문이다.

몇 가지 예를 들어보겠다.

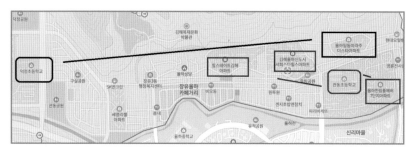

자료 4-16. 김해의 아파트 단지별 학교 배정 (출처 : 네이버 지도)

김해의 한 아파트 단지다. 자료 4-16의 우측 상단에 검정색 박스로 표시한 아파트는 바로 길 건너 5분 거리에 있는 초등학교가 아닌, 지도 좌측의 먼 거리에 있는 초등학교로 배정을 받는다. 이유는 해당 아파트가 가장 늦게 입주해서 바로 앞 초등학교 인원 제한으로 배정이 불가능하기 때문이다. 초등학교 자녀를 둔 부모라면 초등학교 배정 문제로 빨간색 박스의 다른 아파트들을 선택하게 될 확률이 높다. 그리고 실제로 이런 선택에 따라 해당 지역의 아파트 단지들 가격 서열이 형성되어 있다.

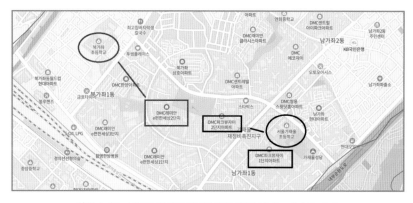

자료 4-17. 서울의 아파트 단지별 학교 배정 (출처 : 네이버 지도)

앞의 자료 4-17의 서울에 있는 대단지 아파트의 경우도 마찬가지인데, 초등학교 자녀를 둔 부모 입장에서는 초등학교를 품고 있는 검정색 네모 박스의 아파트를 빨간색 네모 박스의 아파트보다 선호할 가능성이 높다. 실제 이는 매매나 전세가격에 반영이 되고 있고, 빨간색 박스의 아파트는 자료 4-18의 초등학교에 배정을 받는다.

자료 4-18. 등하교 시 경사가 심한 초등학교 (출처 : 네이버 지도뷰)

이 초등학교는 사진 자료에서 보듯 경사가 아주 심한데, 초등학생 자녀가 좁은 찻길을 지나 이런 오르막길을 매일 올라가야 한다는 사실은 해당 아파트 거주자의 큰 고민이 될 것이다. 물론, 빨간색 네모 박스의 아파트도 초등학교 배정 문제만 제외하면 다른 거주 환경은 매우 우수하다.

이와 같이 실제 배정받는 학교나 학급 분위기는 동네 부동산 중개사무소에서 확인을 하고, 실제 거주하는 사람들의 목소리를 들어봐야 한다. 내가 모르는 것이 있는지를 확인하는 것이 바로 임장을 하고, 동네 조사를 미리 하는 이유다.

교통 호재는
어떤 점을 유의해야 할까?

부동산 시장에서 교통 호재 발표는 상승장에서 가격 상승의 트리거 포인트가 되기도 하고, 하락장에서는 가격 하락을 방어하는 역할을 하기도 한다. 다만, 문제는 교통 호재에 대한 프리미엄이 많이 붙어 있는 경우다. 부동산 시장이 과열되면 마치 그 교통 호재가 당장 실현될 것처럼 아주 높은 가격 프리미엄이 붙게 되지만, 이런 프리미엄 가격은 언제든 빠질 수 있기 때문에 **우리는 교통 호재에 대해서 조금 더 객관적으로 판단할 수 있는 능력이 있어야** 한다.

나는 국가 철도망 구축 계획이 나오면 참고는 하지만, 이것을 보고 당장 매수를 하지는 않는다. 그 이유는 무엇일까?

기본적으로 교통(지하철) 호재는 수도권에서 영향력이 가장 큰데, 다음과 같은 개발 절차를 거친다.

기본 계획 수립 → 예비 타당성 통과 → 타당성 조사 및 기본 계획 수립
→ 기본 및 실시 설계 → 실시 계획 승인 → 착공 → 준공

사실 기본 계획 수립 이후, 예비 타당성 통과와 기본 계획 승인까지
상당히 오랜 시간이 걸린다. 그리고 사업 경제성과 정책의 의의에 따라
철도 사업이 순탄하게 진행된다고 해도 보통 설계에만 2~3년, 공사에
3~4년 이상 걸리기 때문에 한 주택을 소유하면서 실제 사업의 완성 모
습을 보는 것은 사실 쉬운 일은 아니다.

자료 4-19는 3차 국가 철도망 구축 사업 중 대도시권 교통난 해소사
업이다. 2016년에 발표된 내용인데, 현재 제대로 착공으로 진행하고 있
는 것이 몇 개나 있는지 한번 찾아보라.

	노선명	사업구간	사업내용	연장	사업비 (억)
광역	수도권광역급행철도	송도~청량리	복선전철	48.7	58,319
	수도권광역급행철도	의정부~금정	복선전철	45.8	30,736
	신분당선	호매실~봉담	복선전철	7.1	6,728
	신분당선서북부 연장	동빙고~삼송	복선전철	21.7	12,119
	원종홍대선	원종~홍대입구	복선전철	16.3	21,664
	위례과천선	복정~경마공원	복선전철	15.2	12,245
	도봉산포천선	도봉산~포천	복선전철	29	18,076
	일산선 연장	대화~운정	복선전철	7.6	8,383
	서울 9호선 연장	강일~미사	복선전철	1.4	1,891
	충청권 광역철도	신탄진~조치원	2 복선전철	22.5	5,081
소계 (10개 사업)				215.3	175,242

자료 4-19. 대도시권 교통난 해소사업 (출처 : 국토교통부 자료 기준 필자 작성)

일반적으로 이런 지하철 호재가 완공되기까지는 기본 계획 수립 이후부터 어느 정도의 시간이 걸릴까? 개발 사업 진행 속도와 함께 철도 사업이 각 단계 진행 때마다 어느 정도 시간이 걸렸는지 같이 한번 살펴보겠다(참고로, 해당 내용은 '리치고' 사이트를 참고했다).

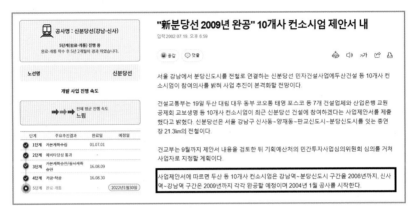

자료 4-20. 신분당선 사업 (출처 : 리치고, <동아일보>)

신분당선 강남-신사 라인은 기본 계획 수립 이후, 예비 타당성 면제를 받고 기본 계획 승인 및 실시 계획을 받는 데 15년 걸렸다. 착공하고 약 5년 6개월의 공사 기간 이후 신사까지 연결이 완성된다. 2002년 기사를 보면 알겠지만, 당시 목표였던 2009년은 정말 터무니없는 목표 기간이었고, 약 13년이나 늦어졌다(총 21년 소요).

자료 4-21. 신안산선 사업 (출처 : 리치고, <문화일보>)

신안산선은 안산에서 서울 도달 시간을 획기적으로 줄여주는 아주 중요한 노선으로, 지난 2000년대 하반기 안산의 주택 가격 상승을 이끈 요소이기도 하다. 2002년 기본 계획 수립이 됐고, 예비 타당성 조사 면제를 받는다. 2005년 조기 착공을 꿈꾸었지만, 실제 기본 계획 승인까지 약 15년의 시간이 흘렀다. 그리고 실제 착공은 당초 목표에서 약 14년이 늦은 2019년에 진행하게 됐다. 현재 2025년 초 개통을 목표로 하고 있는데, 아마 최소 몇 개월의 시간은 더 지연되지 않을까 예상한다(총 23년 소요).

여기서 잠깐! 신안산선이란?

2025년 개통을 목표로 진행 중인 민간 투자 사업으로 안산-시흥-광명-서울 등을 통과하는 복선 전철이다. 총 15개의 역으로 운영될 예정인데, 일부 역은 급행 열차 운영으로 안산 한양대역에서 여의도역까지 20분대로 도달이 가능하다. 몇 차례의 민자 재입찰 과정을 통해 2019년 건설 공사를 착수했다. 지금은 현재 노선 추가 연장에 대한 타당성도 검토 중이다.

자료 4-22. 신림선 사업 (출처 : 리치고, <연합뉴스>)

경전철이나 트램 사업은 2000년대 중반 이후 많은 계획이 있었지만, 실제 실현된 노선 숫자는 손에 꼽는다. 비용과 예산 문제가 항상 큰 걸림돌인데, 신림선 같은 경우는 그나마 진행이 잘된 편이다. 기본 계획 수립을 하고 승인까지 약 12년의 시간이 지났다. 또한, 착공을 시작한 후에도 약 7년이라는 공정 기간을 거쳐서 완성이 됐다(총 21년).

자료 4-23. 7호선 연장 사업 (출처 : 리치고, <네이버 뉴스>)

많은 홍역을 치렀던 7호선 청라 연장 개발은 2017년에서야 예비 타당성 통과를 하고, 2021년에 마침내 착공에 들어갔다. 2011~2012년에 청라 지구에 입주한 많은 주민들은 여전히 교통에 불편함을 느끼고 있다. 2027년 말 완공 예정이지만, 상당한 추가 지연이 발생할 것으로 예상된다.

일반적으로 기본 계획 수립 후, 대부분의 지하철 노선이 완공되기까지는 약 20~25년의 시간이 걸린다고 생각해야 한다. 이것도 진행이 잘되어서 완공이 됐을 경우 이야기다. 즉, 지금 당장 눈앞의 지하철 호재가 반영이 되어도 그사이에 상승장과 하락장 사이클을 1~2번은 돌고 나서야 그 지하철을 탈 수 있다. 그렇기 때문에 기본적으로 지하철 교통 호재는 조금 보수적으로 판단하고 민간 업체가 사업을 주도하는지 여부, 지자체 또는 정부에서 사업을 주도하는지 여부 등을 면밀히 체크하는 것이 필요하다. 또한, 이런 호재는 하락장에서 아무도 신경 쓰지 않고, 가격에 반영이 되지 않을 때 선점해야 한다.

갭 투자를 하고 싶다면
꼭 확인해야 하는 것

갭 투자라는 것은 주택 매수를 하고 전세를 주거나 전세가 낀 주택을 매수하는 투자 방법을 이야기한다. 갭 투자는 투자금을 아끼기 위해 많은 투자자들이 진행하는 투자 방법이다. 왜냐하면 갭 투자만큼 좋은 레버리지 투자 방법도 없기 때문이다. 예를 들면, 3억 원의 주택을 갭 5,000만 원에 매수했는데, 주택 가격이 5,000만 원이 오르면 비과세 기준으로 투자 수익률이 100%다.

2021~2022년에 유행하던 공시지가 1억 원 이하 주택 갭 투자는 투자금이 거의 없이 투자를 하던 방법이었는데, 1억 원대의 주택을 저렴하게 매수를 한 뒤 같은 금액으로 전세를 맞추는 방법으로 많은 투자자들이 차익을 만들었다. 이는 입주 물량 부족과 자금 유동성 유입에 따른 갑작스러운 전세가격 상승으로 갭 투자를 하기 좋은 환경이 만들어졌기 때문에 가능했던 투자 방법이다.

다만, 갭 투자를 고려하고 있다면 꼭 고려해야 하는 것이 있다. 그것은 바로 추후 입주 물량이다.

예를 들어, 2021년 하반기 원주의 아파트를 매수하고, 12월 잔금을 계획해서 매매와 전세를 동시에 진행했던 한 투자자의 이야기로 어떻게 입주 물량을 조사해야 하는지 한번 알아보자.

먼저, 프롭테크를 이용해서 특정 기간 동안 입주 예정인 물량을 확인하는 방법은 두 가지다.

1. 아실 사이트에서 입주 물량을 클릭. 특정 기간 동안 나오는 물량 상세를 확인하는 방법
2. 호갱노노 기간 설정을 통해서 입주 물량을 확인하는 방법

이 중에서 호갱노노를 통해서 물량을 확인해보겠다.

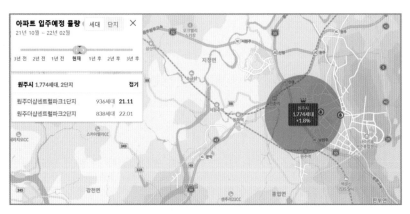

자료 4-24. 원주시 아파트 입주 예정 물량 (출처 : 호갱노노)

호갱노노를 통해 해당 지역의 입주 물량을 찾아보면, 2021년 11월에서 2022년 1월 사이에 1,774세대 입주가 기다리고 있다. 원주 인구가 35만 명이니 300만 명인 인천급의 도시로 비유를 하면, 3개월 사이에 15,000세대가 입주하는 상당한 입주 물량이다.

물론, 누적된 입주 물량에 따라 자연스럽게 입주 물량을 소화할 수도 있지만, 일반적으로 이런 입주 기간에는 임차를 맞추기 쉽지 않다.

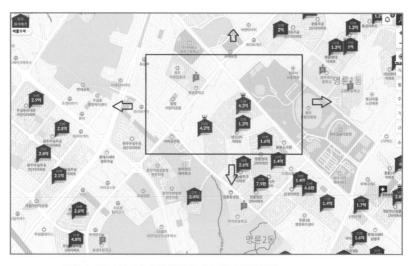

자료 4-25. 2021년 당시 원주 아파트 입주 예정 물량 (출처 : 호갱노노)

이 입주하는 아파트를 클릭해서 들어가보면, 두 아파트 단지 모두 원주 중심가에 위치해 있다. 원주 전역에 영향을 미칠 수 있는 위치이니 조심해야 하는 물량이다.

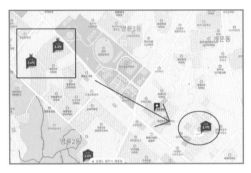

예를 들어, 자료 4-26의 동그라미 친 아파트를 투자하고 12월에 전세를 놓아야 한다고 생각하면, 해당 시기 입주 물량으로 전세가격은 떨어질 가능성이 매우 높다.

자료 4-26. 주변 입주 물량의 영향 (출처 : 호갱노노)

이는 투자자가 생각했던 매매와 전세의 갭이 생각보다 커질 수도 있다는 뜻이다. 밤에 잠 못 자고 마음 졸이고 싶지 않다면, 굳이 이 시기에 전세를 맞출 필요는 없다.

자료 4-27. 3개월 이내에 나올 만한 전세 (출처 : 호갱노노)

또한, 호갱노노에서는 해당 아파트를 클릭하고 전월세를 보면 앞으로 3개월 내 나올 전세 예상 물량도 확인이 가능하다. 이 물량 역시 만만치 않다. 결론적으로 이 아파트의 12월 잔금 투자는 갭 투자로서 최악의 타이밍이다.

그렇다면 이 투자자는 어떻게 해야 할까? 간단하다. 자신이 전세를 맞추기 수월한 시기로 잔금 시기를 협의하면 된다.

위치	단지명 −	입주년월 ∨	총세대수 −
강원 원주 명륜동	원주더샵센트럴파크3단지	2022년 6월	687세대
강원 원주 무실동	원주더샵센트럴파크4단지	2022년 6월	195세대
강원 원주 명륜동	원주더샵센트럴파크2단지	2022년 1월	838세대
강원 원주 무실동	원주더샵센트럴파크1단지	2021년 11월	936세대
		총 세대수	2,656세대

APT 입주물량   출처 : 분양물량조사

자료 4-28. 강원도 원주 아파트 입주 물량 (출처 : 아실)

원주의 입주 물량을 다시 한번 살펴보자. 2022년 1월 이후에는 6월 전까지 대규모 입주 물량이 없다. 이 시기를 임차 맞추는 시기로 노려야 한다. 즉, 잔금을 3~4월 정도로 맞추는 것이 갭 투자에는 수월할 것이다.

다시 한번 말하지만, 신축의 입주 물량은 주변 전세 시장에 큰 영향을 줄 수 있다. 갭 투자를 계획하고 있다면, 이렇게 입주 물량을 미리 확인하고 꼭 투자를 해야 한다.

대량 물량 입주 시기를
노려라

택지 지역이나 개발 지역에서 대규모 입주 물량이 있는 지역은 주변 전세가격이 초토화된다. 신축 아파트는 준공 후, 입주 기간이라는 것이 있으며, 이 기간은 일반적으로 2~3달 정도의 시간이 주어진다. 이 기간 동안 일부는 실거주를 선택하고, 일부는 세입자에게 임차를 주게 된다. 특히, 투자자들이 많이 들어간 지역일수록 임차를 주는 비율은 높아진다. 만약, 비슷한 기간에 입주하는 다른 대규모 아파트 단지가 주변에 있거나 2년 전 같은 시기에 대규모 입주를 했던 아파트가 있다면 임차 시기가 겹치면서 가격이 크게 하락하게 된다.

자료 4-29와 같이 수원 구도심의 경우, 2022년 여름 5,000세대가 넘는 입주가 동시에 있었는데, 해당 아파트 주변 수원 구축 아파트 전세가격이 급락했다. 전세가격이 급락하니 매매가격 상승도 당연히 멈추었다.

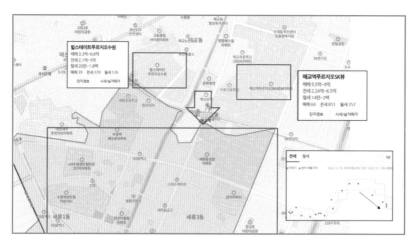

자료 4-29. 2022년 수원 대규모 입주 (출처 : 네이버 지도, 네이버 부동산)

　특히, 이런 현상은 택지 지역에서 많이 발생하는데 택지 지역은 2~3 달 간격으로 아파트 단지들 입주가 겹치는 경우가 많기 때문이다. 그리고 이런 대규모 입주의 전세가격 하락은 단기적으로는 매매가격 하락을 초래한다.

자료 4-30. 인천 루원시티 대규모 입주 (출처 : 네이버 지도)

예를 들면, 앞의 자료 4-30과 같이 2022년 12월부터 5개월 동안 계속 대단지 입주가 진행된 인천의 가정동 루원시티는 거주 환경은 매우 개선됐지만, 주변 아파트 전세 시세가 33평 1억 원대까지 가격이 하락했다. 당시, 전세 시장이 흔들리자 급매가 계속 쏟아져 나오면서 마피가 속출하기도 했다.

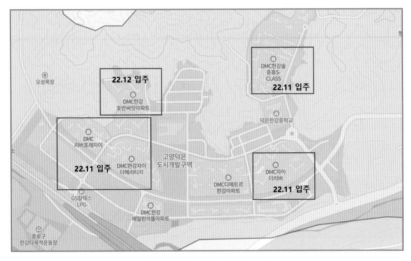

자료 4-31. 고양 덕은 지구 대규모 입주 (출처 : 네이버 지도)

택지 지역인 고양 덕은 지구 입주도 마찬가지다. 2022년 11월부터 2달간 대규모 입주가 진행되면서 고양시뿐 아니라 서울 은평구까지 전세가격이 크게 하락했다.

자료 4-32. 신축 아파트 커뮤니티 시설 (출처 : 필자 작성)

이런 대규모 입주가 나오는 지역의 주변 구축 아파트의 전세가격은 당연히 하락하게 되고, 매매가격도 상승의 제약을 받게 된다. 여러분이 라면 같은 전세가격 조건에서 커뮤니티 시설을 갖춘 신축 아파트와 커뮤니티 시설이 없는 구축 아파트 중 어디를 택하겠는가? 요즘 신축 아파트의 커뮤니티는 운동 시설뿐 아니라 사우나, 키즈존, 식당, 카페까지 갖춘 최상의 시설이다. 게다가 커뮤니티는 계속 진화하고 있다.

장기적으로 볼 때, 이렇게 대량 입주가 있는 곳을 매수하는 것이 좋을까? 부동산 매수를 생각하시는 분들이라면 이 시기를 노려야 한다.

대량 입주는 단기적으로는 임차가격 하락으로 주변 아파트 가격이 흔들리고 상승을 막는 요인이 되지만, 장기적으로는 인구 증가 및 주변 인프라 개선 효과가 있어 수요자들이 더 선호하는 주거지로 만드는 요인이 되기 때문이다.

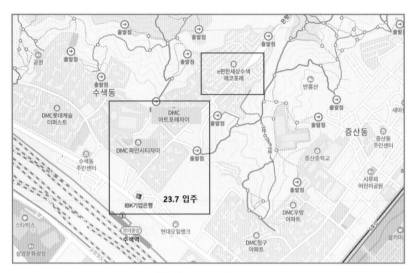

자료 4-33. 수색역 인근 대규모 입주 (출처 : 네이버 지도)

e편한세상수색에코포레는 2000년대 초반 구축 아파트다. 입지가 역에서 다소 떨어져 있고, 원래는 주변이 주택가라서 다소 거주가 불편한 환경이었다. 2023년 여름에는 DMC아트포레자이를 포함한 수색 재개발 구역의 대규모 입주가 진행됐는데, 당시에는 전세가격이 흔들리고 매매가격 상승도 제약을 받았다.

자료 4-34. 정비된 지역의 모습 (출처 : 네이버 지도)

하지만, 앞의 자료 4-34와 같이 신축 아파트가 들어서면 도로도 넓어지고 주변 환경이 개선된다. 또한, 인구 유입으로 상권 및 학군이 형성되면서 점점 수요자들이 선호하는 동네로 변하게 될 것이다. 입주 물량이 정리되고, 2년 내로 임차가격이 회복하면 주택 가격 상승은 훨씬 탄력적일 것이라고 생각한다.

대규모 입주로 가격이 흔들리는 곳을 매수하는 것은 순간적인 가격 하락 시점을 노리고 진입하는 매우 좋은 투자 방법이다. 투자가 아닌 실입주라면 더욱 부담 없이 들어갈 수 있으니 이 기회를 놓치지 말자.

서울 부동산 가격이 당분간 계속 오를 수밖에 없는 이유

먼저, 이 글을 읽기 전에 오해가 없기를 바란다. 서울 부동산만 투자 가치가 있다는 것은 절대 아니다. 그리고 서울 부동산만 안전하다는 뜻도 아니다. 앞에서도 설명했지만, 서울은 수도권이라는 이름으로 경기, 인천과 같은 흐름으로 움직인다. 다만, 과거와 달라진 환경을 통해 서울 부동산이 당분간 상승할 수밖에 없는 여러 가지 요인이 있다는 것을 알려주고자 한다.

1. 주택 택지 부족

서울의 주택이 가장 가치가 있을 수밖에 없는 첫 번째 이유는 집 지을 땅이 없기 때문이다. 다른 말로 표현하면, **서울은 절대적으로 택지 지정이 부족하다.** 다른 지역과 달리 대규모 입주 물량을 정부가 원하는 대로 만들어낼 수 없다.

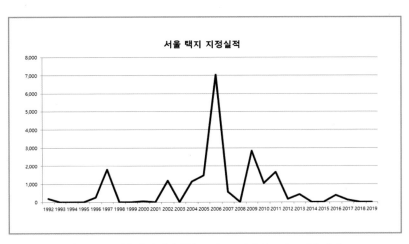

자료 4-35. 서울 택지 지정 실적 (출처 : 통계청 자료 기준 필자 작성)

  자료 4-35는 서울 택지 지정 실적 자료다. 기본적으로 아파트를 대량으로 공급하려면 택지를 지정을 하고, 토지를 매입하는 작업 및 건설사가 주택을 준공하는 과정을 거쳐야 한다. 2000년대 중반에는 상당한 택지 지정을 하면서 공급량이 몰려나올 수 있는 기회가 있었다. 하지만, 택지 지정은 2014년 이후 거의 중단된 상황이다. 서울은 정말 집 지을 땅이 없는 상황이다.

시도(1)	2016 택지지정실적	2017 택지지정실적	2018 택지지정실적	2019 택지지정실적	2020 택지지정실적	2021 택지지정실적	2022 택지지정실적
서울특별시	386	138	-	-	10	63	135
인천광역시	-	-	266	3,349	0	0	0
경기도	2,055	970	6,835	20,981	16,315	3,812	19,641

자료 4-36. 서울, 인천광역시, 경기도 연도별 택지 지정 실적 (출처 : 국가통계포털)

  서울의 택지 지정은 여러 이해관계로 쉽지 않은 상황이니 이런 대규모 택지 지정은 대부분 경기도나 인천으로 진행하고 있는 상황이다.

2. 멸실로 인한 주택 공급 공백기

서울에 추가 주택을 공급하기 위해서는 기본적으로 재개발, 재건축으로 진행을 해야 한다. 하지만, 이는 **단순히 공급이 증가하는 것뿐 아니라 주택이 멸실되는 기간을 겪게 된다.** 자료 4-37은 일반 빌라의 멸실을 제외한 순수 아파트의 멸실 물량이다. 서울의 아파트에는 아무리 오래되어도 실제 거주하고 있는 임차 가구들이 많으니 멸실 효과가 주택 임차 시장에 크게 영향을 미친다.

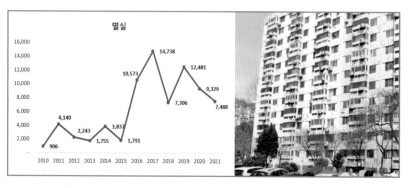

자료 4-37. 서울 아파트 멸실 물량 (출처 : 통계청 자료 기준 필자 작성)

이전 정부에서 재개발, 재건축을 많이 막았기 때문에 최근 멸실 숫자는 저조하지만, 실질적으로 멸실은 2017년 수준 이상으로 꾸준히 나와야 한다. 즉, 앞으로 서울의 입주 물량을 늘리기 위해 재개발, 재건축을 활발히 진행하면 공급 대비 멸실 물량이 상당히 많은 공백기가 발생할 수밖에 없는 것이다.

더군다나 아파트도 수명이 있다. 30~35년 된 아파트까지는 그래도 인테리어를 하고 어느 정도 살 만하지만, 40년이 넘어가는 아파트는 실제 거주하면 많은 불편함이 있다.

　자료 4-38의 서울의 연도별 아파트 입주 물량을 보라.

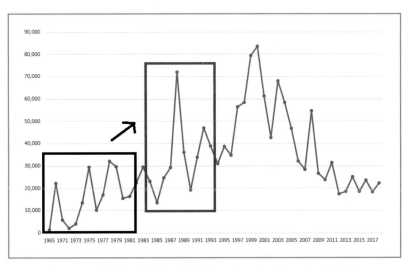

자료 4-38. 서울 연도별 아파트 입주 물량 (출처 : 통계청 자료 기준 필자 작성)

　그동안 멸실 물량으로 포함된 1970년대 아파트 입주 물량은 앞으로
다가오는 1980년대나 **1990년대 초반 아파트 입주 물량에 비하면 아무
것도 아니다.** 또한, 이 아파트들은 압구정, 목동, 광장동 등 대부분 서울
의 핵심 입지에 위치하고 있으니 정부 입장에서도 내버려둘 수 없다.

　결론적으로, 서울은 앞으로도 '**입주 물량-멸실 물량**'이라는 공식으로
**실제 입주 물량을 계산해야 하고, 입주 물량 부족 현상이 계속 벌어질
것이다.** 실제 2017년의 경우 아파트 입주 물량이 3만 채 정도였는데,
멸실이 1.5만 채 정도가 나오면서 실제 서울의 순입주 물량은 1.5만 채

정도밖에 되지 않았다.

   결국, 수도권 주택 부족을 채우기 위해서는 서울의 범위를 경기도 신도시까지 확장하고, 지하철 노선 확충이 필요한 상황이다. 그리고 경기도도 1기 신도시들의 아파트들은 이제 수명을 다해가고 있다는 점을 잊어서는 안 된다. 수도권은 최근 노후 계획 도시 특별법에 따라서 멸실이 더 가속화 될 가능성이 높다.

PART

05

부동산 투자의 기본 III, 부동산 매수 마인드 다시 잡기

어차피
장기 투자다

    모든 투자가 마찬가지지만, 부동산 투자에서 가장 중요한 것은 투자 마인드를 가지는 것이다. 어떤 투자 마인드를 가지고 시장에 임하느냐는 시장이 어려운 상황이더라도 본인의 강한 성장을 돕는 큰 힘이 된다. 사람들은 장기 투자라고 하면 매우 순탄한 길을 생각하지만, 실제 투자의 길은 상승과 하락의 반복이다.

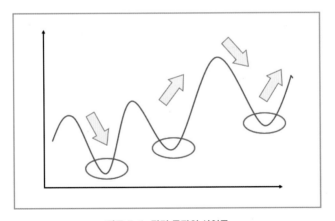

자료 5-1. 장기 투자의 사이클

특히, 앞의 자료 5-1 그래프에서 빨간색 부분의 하락이 올 때마다 사람들은 '왜 진작에 안 팔았을까?' 하고 후회를 한다. 그래서 공포심이 최대인 순간에 그냥 손절해버리고, 다시는 투자를 하지 않겠다고 다짐을 한다. 어차피 투자를 하면 하락장은 필연적이고, 올랐던 가격이 그대로 다시 떨어질 수 있다. **실제 차익 실현을 하지 않는다면, 순간적인 가격 상승과 하락에 일희일비할 필요가 없는 것이다.** 어차피 우리는 고점과 저점에 딱 맞춰서 매도할 수 있는 '신'이 아니다.

하지만, 대부분의 사람들은 두 가지 큰 실수를 한다.

첫 번째, 최고점에 팔지 못한 것을 후회하고, 최저점에 사지 못한 것을 후회한다. 상승장의 후반이 되고 나서야 많은 사람들이 투자 시장으로 뛰어드는 가장 큰 이유다. 후회의 시간을 보내다가 주변에서 돈을 버는 것을 확인한 후에 시장으로 뛰어든다. 그렇기 때문에 자산의 가치 계산을 할 줄 알아야 하고, 그 가치를 믿고 그게 고점이든 저점이든 투자를 밀고 나아가야 한다.

두 번째, 큰 차익이 나면 큰 차익으로 비슷한 투자 상품에 그대로 다시 투자하게 된다. 투자자들은 현금을 그대로 가지고 있지 못한다. 그리고 이런 투자 과정을 반복하면 언젠가는 하락장이 다가오고 번 돈이 한번 크게 묶인다. 결국, 사고팔기만 계속할 뿐 막상 손에 남는 것은 거의 없다. 문제는 돈을 벌면 벌수록 끌어오는 대출도 커지고, 투자금만 점점 커진다는 것이다.

이것은 내가 항상 보수적인 투자를 강조하는 이유이기도 하다. 주변에서 투자를 하다가 망하는 경우는 욕심을 컨트롤하지 못하는 경우에 발생한다. 주식의 경우에도 평단가를 높이는 투자를 하면서 마이너스 수익률이 나오고, 부동산의 경우에도 무리한 투자를 하다가 역전세를 맞고 쓰러진다.

하락장이 무서운가? 장기적인 시각으로 지나가는 한 시기라고 생각해야 한다. 내가 자산 투자를 1~2년 하고 그만둘 것이 아니라면, 환경에 맞춰 자산 움직임에 대한 여러 가지 생각이 필요하다.

예를 들면, 부동산 하락 시기에는 많은 규제가 풀리면서 주택을 사고 팔기가 보다 용이해진다. 나는 하락장을 포트폴리오를 재구성하는 시기로 생각하고, 하급지 물건을 더 나은 물건으로 갈아타는 시기로 사용한다. 장기적으로 우상향한다는 믿음이 있는 자산에 투자하라.

갈아타기는
언제 해야 좋을까?

상급지 갈아타기는 모든 실수요자들의 희망 사항이다. 그렇다면, 내 집 가격이 오르고 있는 시기와 내 집의 가격이 떨어지고 있는 시기 중 언제가 갈아타기에 적합할까?

내가 현재 거주하고 있는 주택 A가 있고, 조금 더 좋은 입지의 주택 B가 있다. 만약, 두 주택이 모두 100% 상승한다면 가격 변화가 어떻게 되는지 살펴보자.

자료 5-2. 상승장의 주택 가격 변화

4억 원이었던 A주택은 8억 원이 됐지만, 5억 원이었던 B주택은 10억 원이 됐다. 원래 두 주택의 가격 차이는 1억 원이었지만, 이제는 2억 원으로 벌어진 것이다.

즉, 기존보다 가격이 1억 원이 더 벌어져서 갈아타기가 어려워진다. 게다가 이런 가격 상승 시기는 항상 규제가 많아서 세금 면에서 불리할 때가 많다. 예를 들면, 가격 상승장은 양도세나 취득세를 중과하거나 자금 출처 조사 등에 대해서 보다 면밀해지는 시기다.

반면, 두 주택이 모두 50% 하락한다면 가격 변화는 어떻게 될까?

자료 5-3. 하락장의 주택 가격 변화

4억 원이었던 A주택은 2억 원이 됐지만, 5억 원이었던 B주택은 2.5억 원이 됐다. 원래 두 주택의 가격 차이는 1억 원이었지만, 이제는 0.5억 원으로 좁혀진 것이다.

즉, 하락장에서는 같은 비율로 가격이 떨어지면 예전보다 갈아탈 수 있는 금액이 줄어든다. 게다가 취득세, 부동산 수수료 등 부대 비용도 절대가격이 낮으니 더 저렴하다.

흔히, 사람들은 상승장에서 자신의 자산이 늘어났다고 생각하고 갈아타려고 하지만, 실제로는 하락장이 주택 갈아타기가 훨씬 용이한 시기다. 앞에서 말한 너무 무리하지 않는 보수적인 투자를 하면서 하락장을 맞이했다면, 포트폴리오를 다시 구성할 수 있는 아주 좋은 기회가 되는 것이다.

그러니, 상급지로 가고 싶은 실거주자는 부동산 가격 하락 시기에 주택 갈아타기를 하기 위해 몰두해야 한다. 투자자도 마찬가지다. 포트폴리오를 다시 재구성할 수 있는 좋은 기회다. 어차피 10년 뒤를 바라보는 투자를 했다면 하락장을 굳이 신경 쓸 필요는 없는 것이다.

호재와 악재에 따른
갈아타기

　그렇다면 상급지 갈아타기를 부동산 시장 상승장이든, 하락장이든 구분 없이 할 수 있는 좋은 타이밍은 언제일까? 그것은 바로 **내가 거주하**고 있는 주택이 호재로 인해서 추가 상승이 나왔을 경우다.

자료 5-4. 호재로 인한 주택 가격 변화

　내가 현재 거주하고 있는 주택 A가 있고, 조금 더 좋은 입지의 주택 B가 있다. 그런데 A주택에 갑자기 주변에 지하철역이 신설된다는 교통 호재 발표가 나왔다. 이에 따라 B주택과 가격이 갑자기 좁혀졌다. 정말 좋은 행운이 찾아온 것이다.

보통 이런 경우, 교통 호재가 나왔으니 다 완성될 때까지 기다려야 할까? 아니다. 이런 상승 호재는 일반적으로 상승장에서는 크게 영향을 주지만, 하락장에서는 큰 영향을 미치지 못한다. 즉, 이런 시기는 호재에 따른 매도를 하고, 상급지로 갈아타야 하는 시기다.

예시를 들어보면 자료 5-5와 같다. 네모 박스가 있는 구간은 그동안의 흐름과 다르게 두 아파트의 가격이 크게 좁혀졌거나 역전이 됐던 사례다.

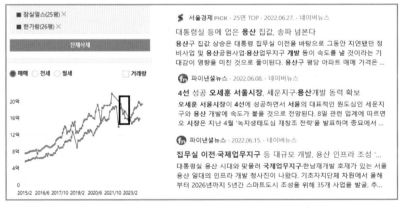

자료 5-5. 개발호재에 따른 아파트 가격과 상승(잠실엘스, 한가람) (출처 : 네이버 뉴스)

용산은 오세훈 시장의 선임으로 용산 개발에 대한 기대감이 가득한 시기였고, 잠실은 토지 거래 허가로 인해서 매매 거래가 침체되던 시기였다. 이 시기에 이촌의 아파트와 잠실의 아파트는 일시적으로 가격이 역전되기도 했다. 하지만, 개발이라는 것은 당장 눈앞에 실현 가능한 호재가 아니고, 학군이나 교통 등 현재의 제반 여건은 변화가 없다. 사람들의 기억에서 이 호재가 조금씩 잊힐 때쯤 가격 균형은 다시 제자리로 돌아갈 것이다. 네모 박스 기간은 갈아타기에 적당한 시점이었던 것이다.

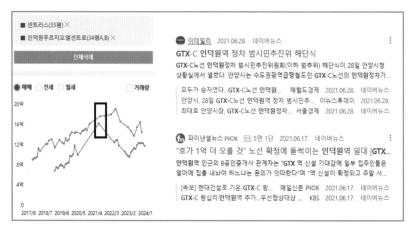

자료 5-6. 개발호재에 따른 아파트 가격과 상승(센트라스, 인덕원푸르지오엘센트로)
(출처 : <이데일리>, <파이낸셜뉴스>, <네이버 뉴스>)

인덕원역의 한 아파트 역시 좋은 예시다. 당시 GTX-C가 인덕원역을 지나간다는 발표로 인덕원역 인근 주변 아파트 가격 상승을 이끌었고, 실제 한 신축 아파트의 매매가격이 왕십리역 인근의 센트라스와 견줄 만큼 올라가면서 큰 화재가 됐다. 하지만, 이 역시 GTX-C로 인한 순간적인 호재였고, 이후 하락장이 오면서 가격은 크게 조정을 받았다. GTX-C의 실제 완공은 여전히 최소 10년 이상 남아 있기 때문이다. 자료 5-6의 검정 네모 박스 기간이 역시 갈아타기에 적당한 시점이었다.

결론적으로, 상승장에서 호재는 이미 발표가 나면 가격에 순식간에 반영이 되어버린다. 그리고 이때가 아주 좋은 매도 타이밍일 가능성이 높다.

물론, 이와 반대의 경우도 있다. 내가 넘어가고 싶은 상급 지역에 악재가 나왔을 경우다. 이런 경우 역시 갈아타기 아주 좋은 시기다.

4억 원 → 3억 원

5억 원 → 3.5억 원

악재

순간적인 입주 물량이나
다른 이유로 하락이 더 크게
나온 경우 갈아타기 기회가 됨.

자료 5-7. 악재로 인한 주택 가격 변화

특히, 초보자가 가장 쉽게 찾을 수 있는 악재 타이밍은 입주 물량이다. 앞에서 이미 언급을 했지만, 대량 입주 물량은 순간적으로 해당 지역의 매매가격 상승을 억제하는 요인이 되고, 입주 물량이 많은 지역과 그렇지 않은 지역의 가격이 크게 좁혀질 수 있으니 갈아타기를 고려할 만한 시기다.

일시적 1가구 2주택이
가장 중요하다

부동산 투자의 가장 큰 어려움 중 한 가지는 세금이다. 취득세, 보유세, 양도세 모두 신경 쓰고 투자를 해야 하니 다주택자로 가는 길이 초보자에게는 매우 쉽지 않다. 특히, **양도세는 세금 중 가장 큰 부분을 차지하는데, 규제가 있는 시기의 양도세 중과는 큰 비용을 차지한다.**

그렇기 때문에 부동산 시장의 흐름을 읽고 적정한 타이밍에 매수를 하면, 일시적 1가구 2주택 비과세 전략은 최고의 자산 불리기 수단이 된다.

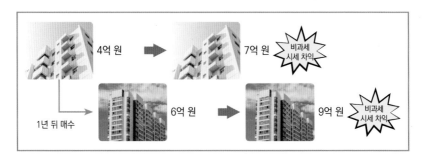

자료 5-8. 일시적 1가구 2주택의 비과세

부동산 비과세는 기본적으로 1채만 보유하고 있을 때 가능하다. 다만, 일시적으로 주택을 2채를 보유하고 있다면, 2채 모두 비과세로 매도가 가능하다. 일시적 1가구 2주택의 가장 중요한 요건은 다음과 같다 (1, 2, 3 규칙).

- 1년 시차를 두고 주택 추가 매수
- 2년 거주 또는 보유로 비과세 조건 충족 필요
- 기존 주택은 신규 주택 매수 기준으로 3년 이내 매도 필요(규제 지역은 2년 이내 매도 필요)

일반적으로 자신의 거주 주택이 가장 비싸고, 차익이 큰 주택일 경우가 많다. 그렇기 때문에 여기서 얻는 시세 차익을 비과세로 만드는 것이 가장 중요하다. **일시적 1가구 2주택으로 2번 정도 갈아타기만 잘해도 양도세 과세나 취득세 중과를 맞으면서 투자하는 투자자보다 2~3배는 수익을 낼 수 있다.**

그러니 부동산 상승에 대한 확신이 있고, 어느 정도 과감하게 투자할 수 있는 여유가 있다면, 꼭 일시적 1가구 2주택 투자 방법을 이용하길 추천한다. 이는 실거주 주택을 이용한 일반인들이 가장 쉽게 자산을 증식할 수 있는 방법이다.

대출의
접근 방법

부동산은 대출과 절대 떼어 놓을 수 없는 상품이다. 그렇기 때문에 금리에 영향을 안 받을 수 없다. 특히, 전세 자금 대출이 부동산 시장으로 들어온 최근 10년 동안 대출 금리의 인상과 인하는 부동산 시장의 유동성에 더욱 큰 영향을 주었다.

자금 레버리지 효과와 부의 증식을 앞당기는 중요한 요소이기 때문에 부동산 투자에서 대출을 이용해야 하는 것은 너무나 분명하다.

다만, 나의 경험을 바탕으로 다음의 몇 가지 원칙만 지켜서 대출을 받는 것을 추천한다.

1. **주택 담보 대출은 무조건 길게 기간을 잡아서 대출받아야 한다.** 가끔 대출은 빚이라는 생각에 빨리 갚으려고, 대출 기간을 짧게 잡는 사람들이 있다. 이는 DSR, DTI* 등 대출 제약도 생기고 당장 갚아야 하는 금액이 늘어나니 현금 흐름에도 좋지 않다. 대출은 가능한 긴 기간으로

받아서 최소한의 금액을 갚는 것이 가장 좋은 대출 이용 방법이다.

2. 최근 10년간 우리나라의 일반적인 중도 금리 수준은 3% 중후반 정도였다. 만약, 정부 대출 프로그램이나 시장 저금리 상황으로 **대출 금리를 3% 초중반 이하로 받을 수 있다면 무조건 최대치로 받길 추천한다.** 초저금리 대출을 통한 주택 매수는 내가 재산을 불릴 수 있는 가장 좋은 레버리지 투자 방법이다.

주택 담보 대출을 받으면서 실제 내가 필요한 금액이 2억 원이더라도 대출 금액을 조금 더 받고 예금 금리에 묶어 두면 된다. 실질적으로 내가 내는 이자 부담은 그리 크지 않다. 예를 들어, 3%로 대출 금리를 받고 예금 금리 1.8%짜리 상품에 묶어 두면, 실제 나가는 대출 이자는 3%-1.8%로 1.2%에 불과하다. 이 비용은 기회 비용이라고 생각하자.

저렴한 이자로 대출을 받을 수 있는 경우는 많지 않은 기회이고, 부동산 상승기 때는 대출을 받고 싶어도 여러 가지 규제로 못 받는다는 것을 잊지 말자. 그러니 대출은 받을 수 있을 때 부담이 안 되는 선에서 최대한 받아야 한다.

3. **주택 담보 대출은 최대한으로 받고, 신용 대출은 최소한으로 받아야 한다.** 먼저, 신용 대출 금리보다 주택 담보 대출 금리가 일반적으로 낮다. 다음으로 DSR의 규제로 받을 수 있는 전체 대출 금액이 작아지는 문제가 있다. 2023년 기준, 주택 담보 대출은 원금을 35년 상환 기준으

---

* DTI란, 연 총소득에서 매년 지불해야 하는 주택 담보 대출 원금 및 이자가 차지하는 비율이다. DSR이란, 연 총소득에서 전체 금융 부채의 원금 및 이자가 차지하는 비율이다. 즉, DSR은 주택 담보 대출뿐 아니라 신용 대출, 자동차 할부금, 카드론 등의 모든 대출의 원금과 이자를 더해서 소득 대비 상환 능력을 측정하는 것이다.

로 계산하지만, 신규 신용 대출은 5년 상환 기준으로 계산한다. 게다가 2024년부터 스트레스 DSR이 적용되니 더욱 받을 수 있는 대출 금액이 제약을 받는다.

마지막으로, 신용 대출은 주택 담보 대출보다 갱신 기간이 짧다. 원래 금리라는 것은 경제 상황에 따라 예민하게 반응하는데, 6개월 또는 1년 단위 갱신하는 신용 대출 금리는 시장 금리 상황에 따라 금리 변동이 심해서 대출을 가진 사람들에게 부담이 된다.

청약 통장
이용 방법

    청약 당첨으로 분양 받는 것의 최고 장점은 주변 시세 대비 싸게 새 집을 매수하는 것이다. 청약에 대한 내용은 다른 훌륭한 서적도 많고, 나의 전문 분야도 아니기 때문에 많은 이야기를 할 수 없지만, 몇 가지 안타까운 경우와 함께 청약 통장 이용 방법에 대한 이야기를 하고자 한 다.

뉴시스 PiCK 3일 전 네이버뉴스
"빚이나 갚자"...**청약통장** 9개월째 **해지** 러시
청약통장 금리가 시중 은행 금리와 차이가 큰 점도 **청약통장 해지**의 원인으로 지목 된다. 전세 자금 대출 금리가 4% 안팎으로 크게 오른 데 반해 **청약통장** 이율은 ...

청약통장 9개월 연속 해지↑...한달간 8만명 ... 세계일보 3일 전 네이버뉴스
"**청약통장** 금리보다 전세대출 이자가 더 ... 머니S PiCK 3일 전 네이버뉴스
"쓸데도 없는데"...**청약통장** 러시에 은행권 고객 유치 경쟁 이투데이 2일 전
전국 주택**청약**종합저축 가입자 수 9개월 연속 감소 이유는? 시사위크 2일 전

자료 5-9. 청약 통장 해지 관련 뉴스 (출처 : <뉴시스>, <네이버 뉴스>)

이런 뉴스를 보면 정말 안타깝다. **청약 통장은 평시에 포인트처럼 점수를 쌓아서 추후 한 번에 사용하는 것이다.** 부동산 가격이 하락하고 분양가격이 상승하면, 많은 사람들이 청약을 포기하고 청약 통장을 해지하는 경우가 많다. 이는 너무 근시안적인 행동이다.

납입 금액이 부담이 된다면 납입 금액을 줄이거나 납입을 멈추면 된다. 청약 통장에 너무 많은 금액이 이미 들어가 있는데 쓰고 싶다면, 청약 통장 대출을 받으면 된다. 청약 통장 담보 대출은 예금된 금액의 95% 범위 내로 가능한데, 모바일로 5분이면 할 수 있으며 금리도 상대적으로 저렴하니 적극 활용해야 한다.

청약 통장을 해지하면 나중에 부동산 상승장이 오고, 청약 점수 1~2점이 아쉬운 순간에 분명 후회하는 경우가 생길 것이다. 청약 통장 해지는 정말 신중히 결정하자.

자료 5-10은 두 번째로 안타까운 경우다. 당첨 청약 가점에 주목하자.

주택형	공급 세대수	순위		접수 건 수	순위내 경쟁률 (미달 세대수)	청약결과	당첨가점			
							지역	최저	최고	평균
084.9600A	390	1순위	해당지역	377	(△13)	청약 접수 종료	해당지역	0	0	0
			기타지역	38	2.92		기타지역	30	75	44.43
		2순위	해당지역	33	-					
			기타지역	10	-					

□ **원주 롯데캐슬 시그니처**
청약접수 결과 입주자모집공고에 명시한 일반공급 가구수 및 예비입주자선정 가구 수에 미달 시 후순위 청약접수를 받습니다.

자료 5-10. 원주 롯데캐슬 청약 결과 (출처 : 청약홈)

같은 주택을 누군가는 30점으로 청약 당첨이 되고, 누군가는 75점으로 청약 당첨이 됐다. 가끔 청약 당첨 가점을 보면 저렇게 경쟁이 치열하지 않은 주택을 고득점으로 당첨 받는 사람들이 있다. 높은 청약 점수는 결국 돈으로 환산할 수 있는데, 어디를 분양 받는지에 따라 그 돈은 몇 천만 원이 될 수도 있고, 몇 억 원이 될 수도 있다. 75점의 청약 점수로 서울의 괜찮은 주택을 청약 받았다면, 청약 당첨만으로도 주변 시세 대비 몇 억 원의 시세 차익으로 주택을 매수할 수 있었을 것이다.

그러므로 고득점자가 청약을 통해 주택을 분양 받을 때는 단순히 실거주 목적이 아닌 투자 목적으로 청약도 고려해야 한다. 일반적으로 **청약은 계약금 10%만으로 투자를 할 수 있는 아주 좋은 레버리지 투자 방법이다.** 실거주 목적으로 청약을 받는 것이 가장 좋지만, 굳이 그럴 필요가 없다면 차익을 남기기 위한 청약을 해야 한다. 예를 들어, 나의 주거지는 인천이지만 서울 중심지에서 주변 시세 대비 싸게 공급하는 주택 청약이 있다면, 자신의 청약 점수를 이용한 분양을 받아서 매도하는 차익을 노리는 전략을 써도 된다. 물론, 청약 조건(거주 필요 여부나 전매 기간) 확인은 필수다. 자료 5-11과 같은 입주자 모집 공고는 꼭 꼼꼼히 읽어보자.

■ 본 아파트의 최초 입주자모집공고일은 2024.02.07(수)입니다. (청약 자격조건의 기간, 나이, 지역 우선 등의 청약 자격조건 판단기준일입니다.)
■ 해당 주택건설지역(수원시)은 「주택법」 제63조 및 제63조의2에 규정에 의한 비투기과열지구 및 비청약과열지역으로서, 본 아파트는 「주택공급에 관한 규칙」에 따라 1주택 이상 소유하신 분도 청약 1순위 자격이 부여됩니다.
■ 본 아파트는 당첨자 발표일이 동일한 모든 주택(민간 사전청약, 분양주택, 분양전환 공공임대주택)에 한하여 1인 1건만 신청이 가능하며, 2건 이상 중복신청 시 모두 무효처리 또는 당첨자 선정 이후에도 당첨 무효(예비입주자 지위 무효) 되오니 유의하시기 바랍니다. (단, 동일민간 내 1인의 특별공급 및 일반공급에 각 1건씩 청약 가능하며 특별공급 당첨자로 선정 시 일반공급 선정대상에서 제외처리 됩니다.)
■ 본 아파트는 수도권 내 비투기과열지구 및 비청약과열지역의 민간택지에서 공급하는 분양가상한제 미적용 주택으로 「주택공급에 관한 규칙」 제54조에 따른 재당첨제한을 적용받지 않고 기존 주택당첨 여부와 관계없이 본 아파트 청약이 가능합니다. (단, 본 제도는 당첨된 청약통장의 재사용을 허용하는 제도가 아니며, 당첨된 청약통장은 계약 여부와 관계없이 재사용이 불가합니다.)
■ 본 아파트의 당첨자로 선정 시 당첨자 및 세대에 속한 당첨일로부터 향후 5년간 투기과열지구 및 청약과열지역에서 공급하는 주택의 청약 접수가 제한되오니 유의하시기 바랍니다.
■ 본 아파트는 최초 입주자모집공고일(2024.02.07) 현재 수원시에 거주하거나 수도권(서울특별시, 인천광역시, 경기도)에 거주(주민등록표 등본 기준) 하는 만19세 이상인 자 또는 세대주인 미성년자(자녀양육, 형제자매부양)(국내에서 거주하는 재외동포(재외국민, 외국 국적 동포) 및 외국인 포함)의 경우 청약이 가능합니다. 다만, 청약 신청자 중에 같은 순위 내에 경쟁이 있을 경우 해당 주택건설지역(수원시)에 1년이상 계속 거주자가 2023.02.07. 이전부터 계속 거주우선합니다.

자료 5-11. 입주자 모집 공고 (출처 : 영통자이센트럴파크 청약 공고문 예시)

이렇게 투자 목적으로 청약을 받으면 매도 방법은 두 가지인데, 등기 이전 매도를 통해 프리미엄을 얹어서 팔거나 등기 후 임차를 맞춘 후 몇 년 추가 보유를 하다가 매도를 하는 방법이 있다. 다만, 등기 후 임차를 맞추면 주변 전세 시세에 따라 '분양 매매금-전세금'의 추가 금액이 들어갈 수 있으니 유의해야 하고, 그 시기의 양도세 규정을 확인하고 매도해야 한다.

다시 한번 말하지만, 청약 통장은 시간과 돈을 바꿀 수 있는 상품이니 쉽게 해지하지 말고 현명하게 사용해서 실거주가 아니더라도 투자를 통해 자산 증식에 도움이 되는 방향으로 사용해야 한다.

PART

06

부동산 거래의 기본,
주택 거래 방법 팁

우리 집을 꼭 매도해야 한다면
알아야 하는 방법

매수보다 더 어려운 것이 매도다. 매도는 타이밍 잡기도 쉽지 않고, 심리 싸움을 해야 하는 어려운 작업이다. 또한, 부동산 시장이 상승장인지, 하락장인지에 따라 다른 방식으로 접근해야 한다. 상승장에서 매도는 특별한 팁이 없다. 그냥 적정한 가격으로 물건을 내놓고 기다리면 된다. 다만, 하락장이나 조정장에서는 부동산 거래가 매우 뜸하기 때문에 이런 상황에서는 주택 매도를 매수자에 맞추는 전략을 해야 한다. 단기간에 매도가 필요한 사람들은 다음 글을 참조하자.

1. 집을 진짜 무조건 매도해야 한다면 내 집은 현 시장 매물 중 최저가여야 한다

상담을 하러 오는 분들 중 가끔 자신의 주택 가격 수준을 제대로 확인하지 않는 분들이 계신다. 예전 매도 실거래가격만 확인하고 고점에 맞춰서 집을 내놓는 분들이다. 최소한 매수하려는 움직임을 파악하고 매수 가능성 있는 사람이라도 잡고 싶다면, 마음은 아프지만 무조건 내

집 가격은 나온 매물 중 최저가이어야 한다.

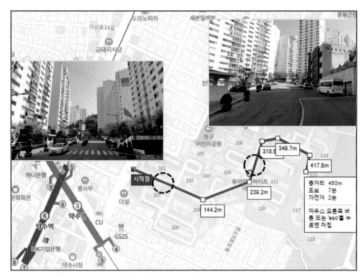

자료 6-1. 아파트의 동별 입지 차이 (출처 : 네이버 지도)

단순히 가격이 최저가가 아니라 층, 향, 동 위치 등 다양한 요소들을 고려해야 한다.

자료 6-1과 같은 아파트의 경우, 입구 동과 안쪽 동까지의 거리가 500미터이고, 가는 길이 평지가 아니라 경사가 있다. 즉, 매수자는 같은 평수의 입구 동을 선호할 수밖에 없고, 이에 따른 가격 차이가 발생할 수밖에 없다. 물론, 인테리어 여부나 세입자 여부 등 다양한 조건들은 살펴봐야 하겠지만, 이런 요소들을 고려해서 주택 가격을 산정해야 한다.

2. 내 아파트 단지 가격만 보지 말고 옆 아파트, 옆 동네 가격도 체크해서 시세 변화나 실제 거래된 사례가 있었는지도 확인해야 한다

내 아파트 단지 내의 매수 가격 움직임만 보면 의미가 없다. 매수자의 시점으로 옆 아파트 단지와 옆 동네 비슷한 물건의 가격을 꼭 확인해야 한다. 혹시 비슷한 가격대의 물건 중 거래된 게 있었는지, 그리고 거래가 됐다면 어떤 가격, 방식으로 거래가 됐는지 파악해야 한다.

또한, 세입자가 껴 있는 주택을 매도하는 경우라면 갭이 얼마인지가 중요하다. 같은 갭 가격으로 훨씬 좋은 대안이 많다면, 굳이 내 집을 매수하지 않을 것이다.

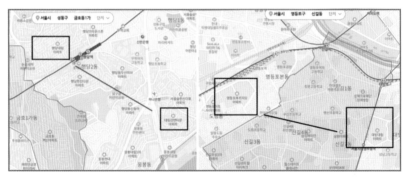

자료 6-2. 거리가 떨어져 있지만, 가격이 비슷하게 움직이는 아파트 (출처 : 네이버 지도)

자료 6-2와 같이 거리는 떨어져 있지만, 가격이 비슷하게 움직이는 아파트는 가격 움직임을 상호 체크하는 것이 중요하다.

3. 최대한 많은 부동산 중개사무소에 집을 내 놓는다

단, 같은 동네보다는 근처 비슷한 가격대나 입지의 다른 동네 중개사무소에도 집을 내놓는다. 매도하는 분들은 일반적으로 아파트 단지에 있는 부동산 중개사무소에만 매도 의뢰를 하는 경우가 있는데, 좀 더 적극적으로 우리 집과 비슷한 가격대의 아파트가 있는 다른 동네 중개사무소에 물건을 같이 내놓는 것이 좋다.

왜냐하면 수요자는 어차피 같은 금액대의 집을 알아보고 있기 때문에 생각지도 않게 내 집 홍보를 다른 지역에서 받고 관심을 가질 수도 있기 때문이다.

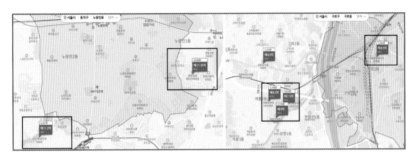

자료 6-3. 비슷한 금액대의 주택 파악하기 (출처 : 네이버 부동산)

예를 들면, 자료 6-3과 같이 상도동의 주택을 비슷한 가격대 아파트가 있는 본동에 매도 의뢰를 하거나, 구로동 주택을 비슷한 가격대의 개봉동 아파트 단지들에 홍보하는 방법이 있다.

4. 매수자의 사정을 파악해서 그에 맞는 매도 방법을 선택해야 한다

집을 보러 온다는 사람이 있으면 투자자인지, 실수요자인지, 당장 현금이 있는지, 본인 집은 팔고 넘어와야 되는지 부동산 중개사무소 소장님을 통해 샅샅이 정보를 캐물어서 파악해야 한다. 매수할 때는 매도자의 사정을 파악해서 가격을 흥정하는 전략을 많이 쓰는데, 매도는 반대로 매수자의 사정을 파악하고 최대한 조건을 맞추는 매도 방법을 선택해야 한다.

예를 들면, 매수자가 투자자이고 당장 현금이 부족한 상황인데 나는 일정 시기 내로 급히 주택을 팔아야 하는 상황이라면, 내가 높은 가격의 전세로 점유 개정해서 매수자의 투자금을 줄여주는 매도를 하는 방법을 쓸 수 있다.

매수자가 잘 나타나지 않는 시기이라면 매수자를 최대한 물고 늘어져야 매도에 성공할 수 있다. 매수자가 어떤 상황인지 자세히 파악하고 매도 조건을 맞춰보자.

급매를
잡는 방법

부동산 매수자는 다들 급매를 잡고 싶어 한다. 부동산은 거래가액 자체가 굉장히 크다 보니 급매로 남들보다 주택을 싸게 구매하면 상당히 큰돈을 아낄 수 있다. 하지만, 우리가 원하는 저렴한 급매는 가만히 있는 우리 앞으로 갑자기 뚝 하고 떨어지지 않는다. 급매를 찾기 위해서는 어떤 노력을 해야 할까?

급매를 구하기 위한 첫 번째는 '무조건 현장을 가라'는 것이다. 매우 낮은 실거래가격에 찍히는 급매는 현장의 목소리를 듣지 않으면 찾기 어렵다. 특히, 하락장 분위기에서 이미 매도자는 얼마에 부동산 매물 등록을 하되 얼마까지 깎을 의향이 있다고, 이미 부동산 중개사무소 소장님에게 전달해두었을 가능성이 크다. 이런 중요 정보는 전화로 물어보면 알려줄 가능성이 거의 없다. 정말 매수하려는 사람에게만 알려주고 싶어 하기 때문이다. 그러니 네이버 부동산에 올라와 있지 않은 가격으로 매수를 하고 싶다면, 가급적 현장에서 가격 흥정을 해야 한다.

급매를 구하기 위한 두 번째는 '매도자의 입장이 되라'는 것이다. 매도자의 입장에서 이 주택을 왜 매도해야 하는지, 왜 급한지를 파악해야 한다. 일반적으로 매도자가 매도를 급하게 해야 하는 이유는 크게 세 가지다.

1. 단순 갈아타기나 일시적 1가구 2주택이나 일반 과세 매도를 위해 정해진 기간 안에 팔아야 하는 경우다.
2. 하락장을 대비해서 주택을 파는 경우다. 말 그대로 공포심에 주택을 싸게 매도하고 싶은 것이다.
3. 단순히 급전이 필요해서 주택을 파는 경우다.

매수인은 이런 매도자의 급매물을 처음부터 노리고, 부동산 중개사무소에 접근해서 어디까지 흥정이 가능한지를 확인해야 한다.

급매를 구하기 위한 세 번째는 '매도자의 이전 매수가격을 확인하라'는 것이다. 다음은 2022년 급매로 거래된 주택의 상세 내역이다. 아실에서는 실거래가 내역을 클릭하면 실제 매매가격 내역을 확인할 수 있다.

자료 6-4의 왼쪽 물건의 경우, 매수자가 2016년에 2.65억 원에 매수했으니 7.1억 원에 매도해도 충분한 차익이 남는 상태다. 물론, 이전 최고가인 8.4억 원에는 못 미치지만, 어느 정도 수긍하고 진행할 수 있다. 오른쪽 물건의 경우, 매수자가 2017년 6.8억 원에 매수를 했고, 매도를 12억 원에 하니 차익이 역시 매우 크다.

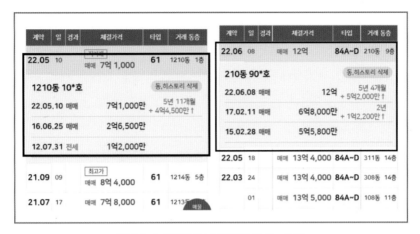

자료 6-4. 거래의 히스토리 확인 (출처 : 아실)

어느 누구도 싸게 매도하고 싶지는 않다. 하지만, 이런 매도자들은 대부분 큰 차익이 남기 때문에 어느 정도 가격 흥정을 받을 수 있는 여유가 있는 것이다. 이전 매수가격은 등기부등본만 떼면 알 수 있으니 부동산 중개사무소 소장님께 확인을 요청하면 된다.

급매를 구하기 위한 네 번째는 '현금이 있어야 한다'라는 것이다. 사실 앞에서 언급한 급매는 대부분 현금이 있어야 진행이 가능하다. 급매는 보통 매도 시기가 정해져 있고, 잔금을 특정 시점까지 요구하는 경우가 많다. 현금이 빨리 필요한 매도자가 있을 수 있기 때문에 가격 흥정을 위해 이용할 수 있는 방법 중 한 가지는 자신의 현금을 이용해서 빠른 잔금을 하는 방법이다.

마지막으로 급매를 잡는 것은 '운이 따라야 한다'라는 것이다. 매도자와 매수자가 마음이 딱 맞아야 하고, 심지어 소장님마저 내 편이어야 한다. 나의 경우, 주택 매수를 위해 한 지역의 같은 부동산 중개사무소를 수차례 방문한 적이 있는데, 우연히 아직 네이버 부동산에도 등록되지 않은 30분 전 매도자에게 받은 급매를 찾을 수 있었다. 당시 나는 25평 시세로 34평을 매수했는데, 흔히 부동산 가격 흐름과 현장 매도가격을 잘 모르는 매도자의 '눈 먼 매물'이었다.

결국, 부지런해야 운이 따른다. 정말 싼 매물을 현장에서 찾고 싶다면, 이런 행운을 가져가기 위해서 조금 더 부지런해지자.

집 매수할 때
알아야 하는 팁

1. 부동산 중개사무소 선택

부동산 중개사무소에 처음 들어가려고 하면, 너무 어색하고 걱정이
앞선다. 가서 어떤 말을 해야 하는지도 몰라서 우물쭈물하면 무시하는
말투로 말씀하시는 소장님도 계시고, 무뚝뚝한 소장님도 계신다. 나도
수십 차례 부동산 거래를 했지만, 이런 태도를 보이는 소장님들은 가급
적 피하고 싶다. 말이 잘 통하고, 적극적인 부동산 중개사무소와 거래를
하는 것이 마음 편하다.

나 : "안녕하세요. ○○ 아파트 문의 좀 드리려고 하는데요."
소장님 : "잘 찾아오셨네요. 어떤 매물을 찾아 드릴까요?"

이렇게 밝고 적극적인 곳을 택하라. 그냥 평소 사람을 대하면서 느끼
는 감정을 따라가면 된다. 잊지 말자. **우리가 손님이고 선택할 수 있는
권한이 있으니 잘 맞는 파트너를 고른다고 생각하면 된다.**

나의 경우, 가끔 정말 좋은 매물은 가지고 있지만 같이 거래하기 꺼려지는 부동산 중개사무소가 있으면, 마음에 드는 다른 부동산 중개사무소에 이야기를 해서 매물을 공동 거래를 하거나 같은 매물을 확보할 수 있도록 해서 우회 거래를 하기도 한다.

2. 부동산 수수료

부동산 수수료는 2024년 기준으로 자료 6-5와 같이 금액별로 상한요율이 정해져 있다. 예를 들어, 5억 원에 주택을 매수하면 상한요율은 0.04%다. 또한, 수수료 비용에서 부가세가 별도로 있다.

여기서 유의할 점은 수수료가 상한요율이라는 것이지, 고정요율이 아니라는 것이다.

주택(주택의 부속토지, 주택분양권포함)				(2021.10.19 시행) (공인중개사법 시행규칙 제20조제1항, 별표1)	
거래내용	거래금액	상한요율	한도액	중개보수 요율결정	거래금액 산정
매매·교환	5천만원 미만	1천분의 6	25만원	▶중개보수는 거래금액 X 상한요율 이내에서 결정 (단, 이때 계산된 금액은 한도액을 초과 할 수 없음)	▶매매 : 매매가격 ▶교환 : 교환대상중 가격이 큰 중개 대상물 가격 ▶분양권 : 거래당시까지 불입한 금액(융자 포함)+프리미엄
	5천만원 이상~2억원 미만	1천분의 5	80만원		
	2억원 이상~9억원 미만	1천분의 4	없음		
	9억원 이상~12억원 미만	1천분의 5	없음		
	12억원 이상~15억원 미만	1천분의 6	없음		
	15억원 이상	1천분의 7	없음		
임대차등 (매매·교환 이외)	5천만원 미만	1천분의 5	20만원	▶중개보수는 거래금액 X 상한요율 이내에서 결정 (단, 이때 계산된 금액은 한도액을 초과 할 수 없음)	▶전세 : 전세금 ▶월세 : 보증금 + (월차임액X100) 단, 이때 계산된 금액이 5천만원 미만일 경우: 보증금 + (월차임액X70)
	5천만원 이상~1억원 미만	1천분의 4	30만원		
	1억원 이상~6억원 미만	1천분의 3	없음		
	6억원 이상~12억원 미만	1천분의 4	없음		
	12억원 이상~15억원 미만	1천분의 5	없음		
	15억원 이상	1천분의 6	없음		

자료 6-5. 부동산 수수료 상한요율 (출처 : 한국공인중개사협회)

즉, 이 수수료는 상한요율 내에서 협의가 가능하다. 기본적으로 부동산 중개사무소는 중개 수수료율을 상한선으로 최대한 받으려고 하기 때문에 계약서를 쓰기 직전 한번 협의를 하는 것이 좋다.

그냥 무작정 깎아 달라고 하지 말고, 왜 중개 수수료를 상한선으로 드릴 수 없는지 이유를 한번 찾아보길 바란다. 이 방법은 다양하다.

예를 들어, 주택 매수를 하면서 최고점 매수를 한 상황, 좋은 물건을 놓치고 다른 물건을 조금 더 비싸게 매수한 경우, 중개 서비스에 만족하지 못한 부분이 있으면 그 부분을 언급을 하면서 수수료 협의를 하면 된다. 단, **일반적인 경우라면 굳이 수수료는 깎으려고 하지 말자.** 언제든 그 소장님에게 정당한 보수를 해주는 것은 당연한 일이다. 또한, 다시 서비스를 받을 수도 있기 때문에 좋은 인상을 남기는 것도 중요하다.

3. 간이과세업자

수수료 부가세를 아끼고 싶다면, 부동산 중개사무소가 간이과세업자인지 확인하면 좋다. 간이과세업자는 부가세를 받지 않기 때문에 기본적으로 부가세(일반적으로 수수료의 약 10%)를 절감하고 거래가 가능하다. 일반적으로 중개사무소에는 사업자 등록증이 붙어 있으니 이를 확인하면 된다. 또한, 개업한 지 얼마 안 된 부동산 중개사무소라면 간이과세업자일 확률이 높다.

4. 취득세 등 각종 세금

생애 첫 주택 취득세 감면에 해당하는 매수자가 아니라면 취득세는 무조건 내야 하는 세금이다. 주택의 가액에 따라 취득세 요율은 정해져 있으며, 취득세뿐 아니라 농어촌교육세+지방세를 합쳐서 내야 한다.

주택외		취득세	농어촌특별세	지방교육세
주택 외 매매(토지, 건물 등)		4%	0.2%	0.4%
원시취득(신축), 상속(농지 외)		2.8%	0.2%	0.16%
무상취득(증여)		3.5%	0.2%	0.3%
농지	매매 - 신규	3%	0.2%	0.2%
	매매 - 2년이상 자경	1.5%		0.1%
	상속	2.3%	0.2%	0.06%

자료 6-6. 취득세 및 세금 요율 (출처 : 부동산계산기.com)

자료 6-6과 같이 취득세는 세금이기 때문에 협의가 불가능한 정해진 요율이 있다. 하지만, **취득세와 지방세를 내면 마일리지 적립이나 캐시백을 해주는 행사 카드**가 있으니 해당 시기에 인터넷을 통해서 확인을 꼭 하라.

5. 법무 비용

부동산 잔금일에는 가슴 설레는 부동산 등기 이전을 하게 된다. 셀프 등기를 하는 분들도 많은데 경험 삼아 하는 것도 좋지만, 개인적으로 첫 등기는 가급적 법무사의 도움을 받는 것을 추천한다. 잔금일에 법무사는 부동산 중개사무소에서 필요 서류를 받고, 바로 등기소로 가서 등기 서류를 제출한다. 일반적으로 법무사를 쓰면 다음 자료 6-7과 같이 취득세, 인지대 및 채권 비용을 포함한 영수증을 받는다.

잔금일 이전에 **'법무통'이란 어플을 통해서 입찰을 해서 법무사를 직접 선택하고 가격 흥정을 하라.** 잘 모르는 부분은 입찰 참여 법무사에게 물어보면 아주 상세히 설명해준다. 증서 작성 비용, 신고 대행 비용, 교통비 및 수수료 등을 항목 별로 꼼꼼히 비교해서 본인에게 가장 유리한 법무사를 사용하면 된다.

자료 6-7. 취득세, 인지대 및 채권 비용을 포함한 영수증 (출처 : 법무통, 필자 작성)

특히, 국가 채권 매입 할인 금액은 등기 신청 당일 기준으로 진행하기 때문에 가끔 이 비용을 과다하게 청구하는 업체들이 있다. 그러니 공시 지가 및 당일 국민주택채권 가격 및 할인율을 확인해서 터무니없는 금액이 아닌지 확인하자.

전세 만기 전, 전세금을 빼야 하는 경우
유의 사항

　전세 계약은 기본적으로 2년이고, 동 계약 기간은 특수한 경우가 아니라면 지켜야 한다. 하지만, 임차를 하면서 살다 보면 어떠한 사정으로 인해서 만료 기간 이전에 전세 보증금을 받고 나가야 하는 경우가 발생할 수 있다. 특히, 중간에 주택 매수를 해서 나가거나 직장 위치 이동에 따라 계약 기간 중간에 나가야 할 수 있다. 이러한 경우, 임대인으로부터 보증금을 정해진 기간 안에 돌려받아야 하는 임차인은 어떤 점을 주의해야 할까?

　첫째, **임대인에게 중간에 전출하는 적당한 사유를 설명하는 일이다.** 어쨌든 계약 기간을 채우지 않고 나가는 상황이다. 최대한 정중히 전출 사유를 설명해야 한다. 직장 문제, 결혼, 육아 등의 여러 가지 이유가 있을 것이다. 전세 상승기에는 상관없지만, 하락기에는 계약 만료 전 전출하는 것이 임대인의 자금 사정에 따라 논란의 소지가 될 수 있다.

둘째, 임대인의 자금 사정을 고려해서 전출 최소 3달 전에는 알려주어야 하니 이를 고려해서 **이사 가려는 집의 잔금 기간을 여유 있게 잡아야 한다.** 임대인으로부터 전세 보증금을 돌려받으려면 새로운 임차인이 들어와야 하는 경우가 대다수다. 미리 알려주고 집을 임대 놓을 수 있는 충분한 시간을 주어야 한다.

셋째, 임대인이 매물을 최대한 많은 부동산 중개사무소에 내놓을 수 있도록 잘 독려해야 하고, 집을 보여줄 때는 최대한 집을 깨끗하게 해서 전세가 빨리 나갈 수 있도록 협조해야 한다. 그리고 임대인이 너무 터무니없이 올린 가격으로 임차(전세)가격을 내놓은 것은 아닌지 확인하고, 너무 올린 임차가격은 부동산 중개인을 통해 가격을 낮추도록 임대인을 설득해야 한다. **임차인의 의무는 같은 조건으로 임차인만 찾아서 전출하면 된다.**

넷째, 새로운 임차인을 들이는 전세 보증금 수수료는 현 임차인이 대신 내야 한다. 이는 계약 파기이므로 어쩔 수 없다. **단, 전세 증액 부분에 대한 수수료는 임대인이 내도록 협의해야 한다.** 전세금이 증액된다면 임대인 입장에서도 나쁠 것은 없기 때문에 기분 좋게 잘 협의할 수 있을 것이다(일례로, 기존 전세금이 2억 원이고, 새로운 전세금 2억 2,000만 원이라면 증액된 2,000만 원에 대한 중개수수료는 임대인이 내도록 이야기하자).

추가적으로, **전세를 구하는 분들을 위해 전세 주택을 구하면서 가장 주의해야 하는 점을** 간단히 알려 드린다.

먼저, 등기부등본에 임대인의 명의로 잡힌 선순위 근저당이나 채무

액이 없는지 확인해야 한다. 등기부등본을 잘 볼 줄 모른다면 주변분들이나 부동산 중개인을 통해서 확인을 부탁하자. 다음으로, 전세 대출이나 전입 신고가 문제없이 될 수 있는 주택인지 확인하자. 특히, 오피스텔 같은 경우는 일반 사업자 등록이 되어 있는 경우, 전세 자금 대출이나 전입 신고를 할 수 없다. 마지막으로, 전세금을 지키기 위해서는 전입 신고와 확정일자를 받아야 경매에서 세입자가 1순위가 될 수 있다. 잔금일에는 이사 때문에 아무리 바빠도 동사무소에 들러 챙겨야 하는 내용이다.

PART

07

부동산 투자의 심화,
매수 접근 기준 세우기

인구가 감소하는 한국,
부동산 가격이 오를 수 있을까?

2020년부터 우리나라는 인구가 감소하고 있는 국가가 됐으며, 고령화 사회에 접어들고 있다. 뿐만 아니라 전 세계 최악의 출생률을 보여주고 있는 국가다. 인구 감소는 부동산 시장에 치명적이다. 그렇기 때문에 부동산 하락장이 올 때마다 인구가 감소하기 때문에 부동산을 매수하면 안 된다는 전문가들의 의견이 득세한다.

인구 감소는 분명히 부동산 시장에 악영향을 미친다. 하지만, 아직 부동산 가격에 영향을 미치기에는 상당한 시간이 남아 있고, 미치는 영향 정도도 지역별로 차이가 크다. 그 이유에 대해 이야기를 하려고 한다.

첫 번째 이유로, 출생률이 낮아진 시기가 IMF 시대라고 불리던 2000년 이후라는 점이다. 자료 7-1을 보면, 우리나라는 1980년대부터 2000년까지 60만 명대의 출생률을 유지하다 2001년 50만 명대, 2022년 40만 명대로 급격하게 출생 인구가 떨어지기 시작하는 것을 확인할 수

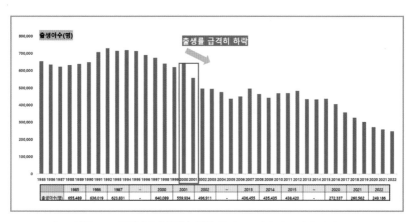

자료 7-1. 우리나라 출생아수 변화 (출처 : 통계청 기준 필자 작성)

있다. 그리고 출생 인구가 2차로 급격하게 줄어드는 시기는 2017년부터다. 이 시기부터 30만 명대의 출생 인구로 진입하고, 불과 3년 뒤에는 20만 명대 출생 인구로 진입한다. 부동산을 떠나 이런 큰 출생 인구 감소는 경제 전반적으로 큰 문제다.

하지만, 2000년 이후 출생한 인구들의 나이는 아직 20대 초반이다. 주택 시장에 처음 참여하는 연령이 30대 초반이라는 점을 고려하면, 이들이 주택을 구매하면서 영향을 줄 수 있는 시기까지 아직은 10년 정도 시간이 남아 있다. 그 전까지는 인구 감소 영향이 미미할 것이라고 생각한다.

두 번째 이유로, 세대수는 계속 늘고 있다는 점이다. 통계청 자료에 따르면 총 가구 수는 2020년 2,000만에서 2038년 2,400만으로 15% 정도 증가가 예상된다. 우리나라 통계를 보면 4인 가구의 숫자는 급격하게 줄어드는 반면, 1~2인 가구는 역대급으로 증가하는 것으로 예측

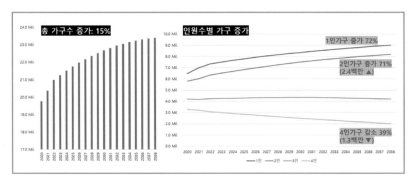

자료 7-2. 세대 가구의 증가 (출처 : 통계청 기준 필자 작성)

하고 있다.

1~2인 가구 수가 늘고 4인 가구 수가 줄어드니 원룸 수요만 늘고, 아파트 주택 수요는 줄어드는 것 아니냐는 질문을 던질 수 있다. 하지만, 다음과 같은 이유로 우리나라 아파트 수요는 계속 증가할 것이라고 생각한다.

먼저, 1인 가구뿐 아니라 2인 가구가 크게 증가하고 있다는 것이다. 실제로 2038년까지 4인 가구는 1,300만 세대가 줄어드는 반면, 2인 가구는 2,400만 세대가 늘어나면서 세대수 증가의 큰 요인이 된다.

2인 가구는 보통 자녀가 없거나 자녀가 출가한 부부들인 경우가 많다. 즉, 2인 가구 수요는 작은 소형 원룸 수요가 아니라, 정상적인 3룸 이상의 아파트 수요라는 것이다. 추가 아파트에 대한 수요는 계속 있을 수밖에 없다.

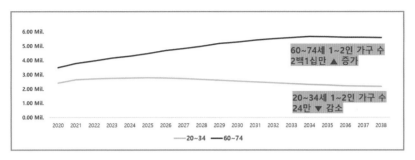

자료 7-3. **연령별 소형 세대 가구 수** (출처 : 통계청 기준 필자 작성)

다음으로, 1~2인 가구가 가장 급격하게 늘어나는 연령대가 60대라는 점이다. 이들은 베이비부머 세대로 아이들이 출가하면서 실제로 2인 가구가 되는 경우가 많다. 실제로 2038년까지 60~74세 1~2인 가구 수는 200만이나 증가하지만, 20~34세의 1~2인 가구 수는 오히려 감소가 예상된다.

예전에 부동산 하락론자들이 많이 주장하던 말이 있다. "베이비부머 세대 부부들이 주택을 팔고 귀농을 하게 되면 주택 가격이 하락할 것"이라고. 그런데 실제로는 주택을 팔고 귀농하기는커녕 의료 시설이 있고, 인프라가 좋은 도심으로 더 모이고 있다. 게다가 이들은 이동을 싫어하기 때문에 아파트 평수도 줄이지 않고, 대부분 기존 주택에 그대로 거주하고 있다. 실제로 주변에서 30평대 아파트에 살다가 아이들이 출가했다고, 10평대 아파트로 이사 가는 노년층 부부를 찾아보기는 쉽지 않을 것이다. 그렇기 때문에 **베이비부머 중심의 1~2인 세대수 증가는 주택 수요 면에서 큰 의미**가 있다고 할 수 있다.

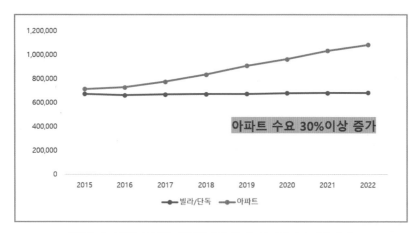

자료 7-4. 수도권 1인 가구 아파트 수요 (출처 : 통계청 기준 필자 작성)

또한, 최근 몇 년간 수도권 1인 가구의 거주 형태를 보면 아파트가 압도적으로 큰 증가를 하는 것을 확인할 수 있는데, 이는 기성 세대뿐 아니라 신규 수요도 아파트 수요가 압도적으로 크다고 할 수 있다. 앞으로 이런 트렌드는 계속될 것으로 보이며, 세대수의 유의미한 증가는 지속적인 주택 공급의 필요성을 말하고 있다.

인구 소멸의 시대,
우리는 대도시로 가야 한다

인구 감소가 당장 큰 영향은 미치지 않는다고 했지만, 우리는 인구가 점점 감소하는 시대를 대비해야 한다. 이번 장에서는 이에 대한 이야기를 하고자 한다.

기본적으로 육아, 의료, 학업 등의 시설들이 큰 도시로 몰리게 될 것이니 수도권이나 광역시는 그 입지를 더 탄탄히 하게 될 가능성이 높다. 아마 어디에 거주하는지에 따른 빈부 격차가 심화될 것이다. 인구가 감소하고 있는 지방 도시는 인프라가 매우 열악해지는데, 최근 발생하고 있는 대표적인 예가 바로 소아과 부족이다.

<동아일보> 2023년 12월 기사에 따르면, 전남 광양시에 사는 30대 여성이 새벽 3시경 집에서 나와 30분가량 차를 몰고 순천시의 한 소아과 병원에 도착했다. 100일 된 둘째 아들이 고열에 기침이 심한 상황에서 번호표를 미리 받기 위해서였다. 병원 문을 열기 전부터 줄 서서 기다리는 이른바 '소아과 오픈런' 이야기를 많이 들어서 미리 온 것이다. 새벽 6시

30분경에 병원에서 번호표를 나눠 줄 때는 이 여성의 뒤에 37명이나 더 대기하고 있었다. 진료를 시작한 아침 9시가 되자 대기 인원은 60명을 넘어섰다. 인플루엔자(독감)와 마이코플라스마 폐렴 등 감염병이 급속하게 유행하는데, 문을 닫는 동네 소아과가 늘면서 이런 소아과 대란이 벌어지고 있다. 수도권 외 지역의 경우 가뜩이나 소아과가 부족한데, 주말에 안 여는 곳도 많다 보니 새벽부터 부모들이 줄을 서는 상황이다(이후 기사 내용 생략).

이 기사 내용과 같이 소도시는 최근 영유아 숫자가 부족해서 소아과 병원이 문을 닫는 상황이다. 따라서 영유아 부모들은 대도시로 멀리 병원을 다녀와야 하는 경우가 허다하다. 소아과는 하나의 예시일 뿐이고 육아 시설, 다른 병원 업무나 편의 시설 또한 마찬가지 상황이다. 결국, 인구가 감소하면서 대도시가 아니면 인프라 구축이 어려워지고, 많은 세대들이 대도시를 떠나서 살기가 더 어려워지고 있다. **결과적으로는 대도시에 인프라가 집중되면서 거주 여건이 중소 도시와 더욱 벌어질 수밖에 없으며, 이런 점이 부동산 시장의 가격에도 영향을 줄 것이다.**

그렇기 때문에 부동산 투자 관점에서 인구가 점점 감소하는 산업이 있는 중소형 도시 접근은 조심해야 한다. 물리면 탈출이 아예 불가능할 수도 있다.

부동산 투자 관점에서 인구의 변화에 따른 유의 사항은 두 가지다.

첫 번째는 무조건 대도시 위주로 투자하라는 것이며, 인구가 계속 늘어나고 있는 수도권이 여전히 투자 1순위다. 다음 자료 7-5와 같이 여

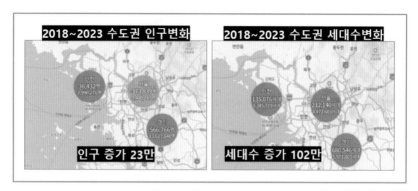

자료 7-5. 수도권 인구 변화와 세대수 변화(2018~2023년) (출처 : 부동산지인)

전히 수도권은 인구가 감소하고 있는 다른 지방 도시들과 달리 여전히 세대수뿐 아니라 인구가 증가 추세다. 지난 5년간 세대수 증가는 평균 21만으로 수도권 평균 입주 물량보다 훨씬 많다. 모든 인프라가 집중되고 있는 곳이 바로 투자 대상이다. 아무리 입주 물량이 적은 도시라고 하더라도 새로운 인구 유입이 없으면 과수요가 발생하지 않는다.

두 번째는 대형 평수는 공급도 줄지만, 수요도 크게 줄고 있다는 점을 잊지 말자는 것이다. 2인 가구가 증가하는 만큼 4인 이상 가구가 감소하고 있다는 점은 20~30평대 주택으로 수요가 몰릴 수밖에 없다는 것을 의미한다. 실제 내 주변에서도 50평대 외곽지 아파트보다는 중심부의 30평대 아파트를 선호하는 현상을 목격하고 있다. **가급적 투자는 대형보다는 환금성이 좋은 중소형을 봐야 한다.** 특히, 중소 도시에는 대형 평수 공급이 상당히 많은데 주의를 해야겠다.

지방 주택은 어떤 기준으로
접근해야 하는가?

앞선 내용에서 대도시의 투자 중요성을 말씀드렸고, 대도시 중에서도 가장 유망한 지역은 당연히 수도권이라고 말씀드렸다. 그렇다면 이런 질문이 있을 것이다.

"지방은 아예 투자를 하면 안 되는 것인가?"

당연히 그렇지 않다. 장기적으로 수도권, 광역시, 특례시 등에 해당하는 도시들이 가장 유망한 것은 맞지만, **부동산은 사이클에 따라 저평가 지역을 매수하는 것이 투자의 가장 기본 원칙이기** 때문이다. 또한, 실거주로 중소 지방 도시를 매수해야 하는 경우도 당연히 발생한다.

이번 장에서는 지방 중소 도시들을 투자한다면 어떤 기준으로 지역을 분석하고, 주택을 매수해야 하는지 접근 방법을 알려주고자 한다. 참고로, 여기서 말하는 중소 도시란 인구 50만 명 이하의 도시로 광역시는 물론이고 창원, 전주, 청주 등의 도시는 제외한다(달리 말하면, 50만 명 이상의 도시들은 그래도 중소 도시보다는 안전한 부동산 투자 지역이라고 할 수 있다).

첫 번째로 **가장 중요한 것은 도시의 성장 여부다.** 인구가 줄고 있는 상황에서 세대수마저 줄고 있는 도시라면 정말 피해야 하는 도시다. 급속도로 주택 수요가 빠질 수 있기 때문이다. 반면, 반대로 세대수뿐만 아니라 인구수도 증가하는 도시는 주택 수요가 계속 늘고 있는 도시이니 관심을 가져야 한다.

두 번째로 쇠퇴하는 산업의 도시들은 피해야 하고, 지역 경제의 원동력이 되는 새로운 산업을 찾지 못하는 도시는 당연히 매수를 피해야 한다. **반도체, 바이오, 신소재 등 첨단 산업을 육성하고 있는 도시들을 찾아라.** 장기적인 관점에서 계속 성장할 수 있는 도시다. 개인적으로 K콘텐츠가 여러모로 유행하고 있는 글로벌 시대를 발맞춘 관광 사업을 기반으로 하고 있는 도시도 나쁘지 않다고 생각한다. 반면, 단순 제조업이나 1차 산업이 주요 산업으로 여전히 남아 있는 도시들은 계속 쇠퇴할 것이다.

세 번째로 공급의 관점에서 단기적인 시각으로 보면, **앞으로 입주 물량이 없는 도시를 선택해야 한다.** 이는 앞에서도 많이 언급한 너무나 중요한 이야기다. 큰 도시들보다 수요가 제한적이기 때문에 입주 물량이 많으면 바로 전세가격이 흔들리면서 매매가격도 흔들린다.

네 번째로 한 도시 내에서 지역을 선정할 때는 **직주 근접보다는 학군이다.** 수도권과 대도시는 교통 체증이 심하고 지하철과 같은 대중 교통 이용이 편리하지만, 지방 도시들은 대부분 자가용 출퇴근이 많아 직주 근접의 힘이 훨씬 약하다. 수도권처럼 직장 위치가 가깝다고 주택 가격이 비싸지 않다. 반면에 오랫동안 학군을 형성한 지역은 그 서열이 쉽게 바뀌지 않는다.

다섯 번째로 구축보다는 신축이다. 지방의 구축 범위는 수도권이나 대도시보다 훨씬 넓다. 지방은 5~6년만 지나도 구축으로 취급하는 지역이 많기 때문이다. 상승장에서도 신축은 빠르게 가격이 오르는데, 구축은 가격이 그대로 멈춰 있는 경우가 상당히 많다. 수도권과 달리 지을 수 있는 땅이 많다는 장점 때문에 구축 파워가 상당히 약하다.

여섯 번째로 그런 의미에서 **마땅한 학군 지역이 없다면, 무조건 신축이 들어설 곳인 신규 택지 지역으로 가야 한다.** 학군 차이가 크게 없는 지방 도시는 중심지 이동이 대도시보다 훨씬 유연하다. 신규 택지 지역의 인프라는 절대 구도심이 이길 수 없다. 특히, 신규 택지가 구도심과 닿아 있을수록 그 힘이 강하다.

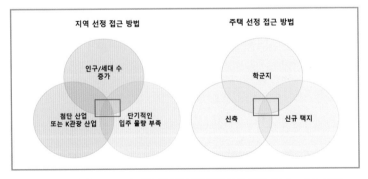

자료 7-6. 지방 중소 도시 지역 선정과 주택 선정 접근 방법 (출처 : 필자 작성)

결국, 내용을 종합해보면 앞의 자료 7-6과 같은 모양의 도표가 나온다. 빨간색 박스 안에 들어가는 지역과 주택이 있다면 매수 1순위다. 물론, 이것들을 모두 만족하는 곳을 막상 찾기는 쉽지 않을 것이다.

그렇다면, 앞서 언급한 지역 선정 접근 방법의 힌트는 어디에서 찾을까?

첫 번째, 인구와 세대수의 단순 변화는 통계청(https://kosis.kr)의 인구조사 전수 부문에서 누구나 쉽게 자료를 찾을 수 있다. 실제 통계청에서 뽑은 자료를 기반으로 찾아보면 인구 10만 명 이상 50만 명 이하 전국의 많은 도시들 중에서 **자료 7-7과 같은 도시들이 비교적 안정적으로 세대수가 늘고 있고, 15~64세 인구 숫자가 안정적으로 유지되고 있다.** 참고로, 인구 40만 명을 바라보고 있는 세종시는 정부에서 이미 계획하에 행정 수도로 키우고 있는 도시이기에 이 조사에서 제외했다.

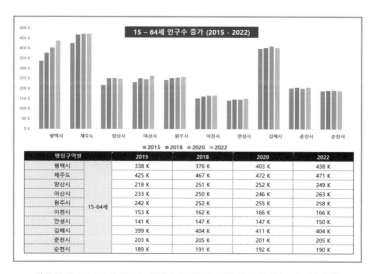

자료 7-7. 15~64세 인구수 증가가 안정적인 지방 중소 도시 (출처 : 통계청)

경기도의 외곽 지역을 수도권으로 분류해야 하는지 여부가 다소 애매하지만, 만약 서울 출퇴근이 불가능한 경기도 지역을 비수도권으로 분류한다면, 앞서 말한 성장의 조건을 모두 갖춘 1번 도시는 바로 평택이다. 또한, 관광 산업 호재를 갖추고 있는 제주도나 부산시의 위성 도시 역할을 하고 있는 양산시 역시 꾸준히 인구가 성장하는 도시다. 이 외에도 강원도에서는 수도권 1시간 거리인 원주와 춘천이 계속 성장하고 있다.

두 번째, 새로 성장하는 산업의 도시를 찾는 몇 가지 방법이 있는데, 평상시에 정부에서 발표하는 국가개발계획정책을 잘 살펴야 하고, 국토교통부에서 매년 1월 발표하는 주요업무추진계획을 잘 읽어 봐야 한다. 이런 곳에서 자주 언급되는 지역을 주목하자.

공공데이터포털 사이트(https://www.data.go.kr)를 들어가면 다양한 국가의 데이터를 볼 수 있는데, 이 중에서 산업단지현황 데이터를 살펴보자. 특히 현재 조성 중인 곳들이나 미개발인 곳들이 많은 곳들이 앞으로 일자리가 늘어날 수 있는 곳들이다.

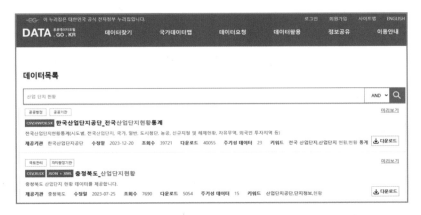

자료 7-8. 전국 산업단지현황 데이터 목록 (출처 : 공공데이터포털)

또한, 조금 더 쉽게 국가의 정책을 살펴볼 수 있는 방법은 프롭테크 사이트를 이용하는 것이다. '리치고' 사이트를 통해서 택지 수를 확인하거나 앞서 소개한 '네이버 부동산'의 개발 버튼을 눌러서 택지 지역을 직접 확인하는 방법이다.

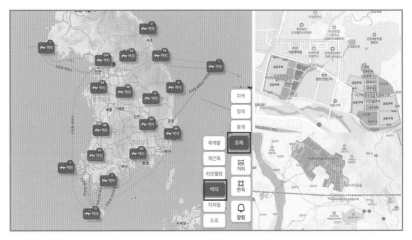

자료 7-9. 리치고와 네이버 부동산을 통해서 확인한 지역별 택지 (출처 : 리치고, 네이버 부동산)

정부의 택지 지정은 주거지뿐 아니라 산업 지역 택지 지정도 포함하고 있다. 택지가 많다는 것은 입주 물량이 많다는 뜻이기도 하지만, 일자리가 많이 생길 수도 있다는 뜻이다. 그러니 이런 사이트를 통해서 택지 개발 사업들을 유심히 살펴보자.

세 번째, 앞서 말한 **지역 선정 접근 방법에 근거해서 가장 유망한 중소 도시를 찾아보자면, 나는 1순위로 평택과 아산을 꼽는다.** 경제 수도가 있는 수도권과 행정 수도가 있는 충청권 힘을 모두 받을 수 있는 지역이기도 하고, GTX 호재에 따라서 추가로 수도권 편입도 가능한 곳이다. 여러 첨단 산업 단지 조성의 계획이 있으니 일자리도 탄탄하다. 사실 인구수가 50만 명 이상이라서 별도 언급은 하지 않았지만, 천안시도 시너지 효과를 함께 발휘할 것이다.

다음으로 양산시와 김해시다. 앞으로 우리나라 미래의 경제, 정치, 사회의 주축은 서울 중심의 수도권, 대전과 세종 중심의 충청권, 그리고 부산 중심의 동남권 이렇게 3개가 될 것이라고 생각한다. 이런 관점에서 양산시와 김해시는 서울과 마찬가지로 더 이상 땅을 확장할 수 없는 부산의 위성 도시로 계속 성장해 나갈 것이다.

제주도의 경우, 우리나라에서 유일하게 외국인이 찾는 휴양지로 K관광 사업에 특화된 지역이다. 외국인 자본 투자에도 조금 더 개방적이라 주변 국가와 교류에 따라 땅의 가치가 더 올라갈 수 있다. 땅의 가치가 올라간다면, 당연히 부동산 가격 상승에도 긍정적이다.

네 번째, 이미 앞선 장에서 입주 물량 확인, 학군지 찾기, 신축 찾기 등은 다루었기 때문에 별도로 여기에서는 언급하지 않겠으니 앞 내용을 복기해보기를 바란다.

아파텔은 어떤 기준으로
접근해야 하는가?

    아파트 규제가 강화되던 2020년 하반기부터 아파텔에 대한 관심이 강해졌다. 실제로 나도 상담을 하면서 아파텔 실거주나 투자에 대한 질의를 많이 받았다. **아파텔이란, 애초부터 주거용 형태로 지어진 오피스텔로 아파트와 오피스텔을 합친 말이다.** 흔히, 가장 인기 있는 아파텔은 방 3개로 구성된 전용 80㎡ 이상의 주거용 주택이다.

    최근 아파텔은 오피스텔이지만 아파트 못지않게 잘 만들었다. 단지형 아파텔은 아파트와 거의 구분을 하지 못할 정도로 좋은 인프라를 구축

자료 7-10. 아파텔 구조 (출처 : 네이버 부동산)

하고 있을 뿐 아니라 평형 구조나 내부 자재가 아파트보다 더 좋은 경우도 많다.

그렇기 때문에 적당한 아파텔 매수를 실거주나 투자 목적으로 매수하는 것은 나쁘지 않은 선택이라고 생각한다. 그렇다면, 우리는 어떤 아파텔을 매수하는 것이 좋을까?

첫 번째는 **2룸 이상의 아파텔로만 구성된 단지형 아파텔 또는 아파트와 단지가 묶여 있는 아파텔이다.** 아파트와 차이점을 가장 잘 극복할 수 있는 아파텔 형태다. 단지형 아파텔은 아파트처럼 커뮤니티 시설 및 인프라가 잘 구축되어 있고, 애초부터 주거용으로 만들어져서 내부 구조가 훌륭하다.

자료 7-11. 위례 지웰시티 (출처 : 네이버 지도뷰)

자료 7-11과 같은 위례 지웰시티가 단지형 아파텔의 대표적인 예다.

두 번째는 **브랜드 있는 아파텔이다**. 단순히 월세만 받는 수익형 용도가 아니라 차익형 아파텔 투자를 한다면, 브랜드 있는 아파텔 투자가 중요하다. 브랜드 이름으로 많은 것들이 판단되는 세상이기 때문에 환금성이 훨씬 좋다.

세 번째는 **주변 아파트 시세 상승으로 아파텔 가격이 함께 올라갈 수 있는 곳이어야 한다**. 여전히 아파텔은 아파트 대체 상품이다. 주변 시세를 이끄는 아파트가 있어야 가격 차이로 인해서 수요자가 아파텔에 관심을 가지게 된다. 오피스텔만 있는 동네보다는 아파트와 함께 있는 동네를 보자.

네 번째는 **서울 또는 서울에 인접한 수도권 지역이다**. 같은 수도권에서도 일자리 수요가 충분하지 않거나 거주 환경으로서 조건이 다소 떨어지는 지역은 매수하는 것이 다소 위험하다. 철저하게 직주 근접 또는 학군 수요가 있는 곳을 택하는 것이 중요하다. 개인적으로 경기도 2기 신도시까지 아파텔 투자가 적합한 수도권 지역으로 판단하고 있다.

다섯 번째는 **25평 기준 9억 원 이상의 아파트가 많은 곳의 아파텔을 추천한다**. 원래 아파텔은 상업 시설이라서 취득세가 4%이기 때문에 아파트와 취득세와 상당히 차이가 난다. 하지만, 아파트도 매매 시세 9억 원 이상부터는 취득세가 3%이기 때문에 아파트와 아파텔의 취득세 차이가 많이 줄어드니 수요자 입장에서 상대적인 세금 부담이 덜 하다.

자료 7-12. 2010년 이전 오피스텔 (출처 : 네이버 부동산)

마지막으로, **기축을 매입한다면 가급적 2010년 이후 지어진 아파텔을 매수해야 한다.** 아파트와 달리 아파텔은 토지 면적이 상대적으로 작아서 감가 상각이 커진다. 가급적 신축으로 매수해야 한다. 특히, 2010년 이전에 지어진 오피스텔은 바닥 난방이 안 되는 경우도 있고, 사무용 오피스 목적으로 지은 구조가 많아서 실거주로는 불편하다.

수도권에서 적당한 가격의 아파텔 매수를 고려한다면 다음 2곳의 예시를 참고하면 좋겠다.

1. 경기도 수원시 광교 신도시

광교 신도시는 경기도 수원시 이의동과 하동에 위치한 2기 신도시다. 광교는 바로 앞에 삼성전자라는 큰 근무지 수요를 가지고 있고, 신분당선을 통해서는 강남을 30분대로 도달할 수 있는 서울 출퇴근이 가능한 자급자족 도시다.

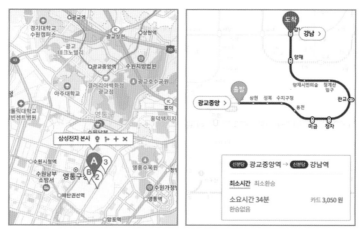

자료 7-13. 광교의 입지 (출처 : 네이버 지도)

문제는 광교 신도시에는 20평대 아파트가 아예 없다.

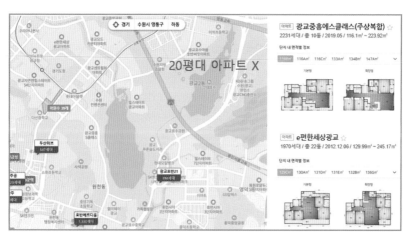

자료 7-14. 20평대 아파트가 없는 광교 신도시 (출처 : 아실)

가장 세대수가 큰 규모인 광교중흥에스클래스나 e편한세상광교 같은
경우에도 30평대 이상의 사이즈부터 거주가 가능하다. 광교에도 분명

히 20평대 수요가 있는데 말이다.

그래서 이 20평대 수요를 대신 받쳐주는 것이 바로 광교 신도시 주변의 아파텔이다.

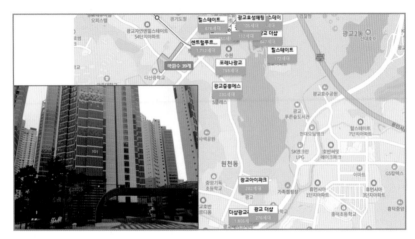

자료 7-15. 광교 아파텔 입지 (출처 : 아실)

광교의 3룸 이상 아파텔은 자료 7-15와 같이 대부분 호수 주변에 몰려 있다. 또한, 대부분 단지형으로 되어 있거나 아파트와 같은 인프라를 쓰고 있다.

2. 경기도 고양시 삼송 지구

삼송 지구는 3호선이고, 강북 주요 업무 지구로 출퇴근하는 수요가 많이 찾는 지역이다.

삼송 지구 내에서 가장 좋은 입지가 어디냐고 물으면, 아파트가 있는 곳이 아닌 아파텔이 있는 곳이라고 할 수 있다.

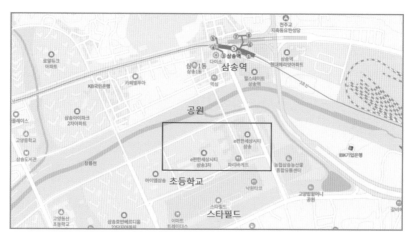

자료 7-16. 삼송 지구 아파텔 입지 (출처 : 네이버 지도)

아파텔 이름은 바로 이편한세상시티 삼송으로, 앞에는 스타필드가 있고 뒤로는 창릉천이 흐르는 공원이 있다. 또한, 초등학교를 품고 있는 초품아다.

자료 7-17. 초품아 아파텔 (출처 : 네이버 지도뷰)

이편한세상시티 삼송은 이 지역의 대장 아파트 단지라고 할 수 있는 삼송아이파크 2차와 평단가 기준(아파트 평형 기준)으로 비슷한 시세를 유지하면서 대장 아파트 못지않은 가격 상승을 보여주던 아파텔이다. 따라서 현재 시세 변동을 추적하면서 적정 가격으로 떨어진다면 매수를 고려할 만하다.

이런 서비스도 있다!

내가 꾸준히 칼럼을 기고하고 있는 부동부동'은 부동산 초보자들의 주택 구매에 대한 고민을 해결해주는 서비스를 제공하고 있다.

무료로 개인화 진단 서비스가 가능한데 본인의 자산 상황, 예산 범위, 지역 및 거래유형에 따른 아파트를 추천 받을 수 있으며, 데이터 기반으로 시나리오에 따른 비용 비교 및 이사 시기 추천을 받을 수 있다.

뿐만, 아니라 전문가와 함께하는 내 집 마련 솔루션 상담이나 임장 동행 서비스까지 하나의 서비스로 추가 이용할 수 있으니 여전히 부동산 접근이 어려운 분들이라면 도움을 받길 추천 드린다.

PART

08

수도권 부동산 매수,
여기를 주목하자 I

서울 뉴타운
여기를 주목하자

서울은 낡았다. 88올림픽을 기점으로 우후죽순 아파트가 생겼기 때문에 이미 재건축을 해야 하는 아파트들이 수두룩하다. 부족한 아파트 공급을 늘리기 위한 가장 좋은 방법이 재건축, 재개발인데 전체적인 큰 그림 없이 구역별로 개발을 하다 보니 전체 동네 인프라 구축의 효율성이 떨어지는 경우가 많다.

그래서 서울의 실거주를 고민하는 주변 지인에게 많이 추천하는 곳이 바로 서울의 뉴타운 지역이다. 경기도의 신규 택지만큼은 아니지만 계획하에 정비가 잘되어 있고, 적어도 그 동네 안에서는 서울의 구도심과는 달리 보다 쾌적한 환경과 깔끔한 시설을 누릴 수 있다.

서울 뉴타운의 역사는 2002년까지 거슬러 올라간다. 서울 전 지역 균형 발전을 추진하기 위해 만든 도시 개발 사업인데, 2002년 은평, 길음, 왕십리 이렇게 3개 지구가 시범 뉴타운으로 지정이 됐다. 곧이어

2003년에 한남, 미아, 가재울, 영등포, 노량진 등 총 12곳이 추가로 2차 뉴타운으로 지정이 됐고, 2005~2007년에는 장위, 상계, 북아현, 신길, 흑석 등 총 11곳이 3차 뉴타운으로 지정됐다.

대규모 개발 사업으로 큰 기대를 모았지만, 안타깝게도 2008년 글로벌 금융 위기 이후 서울에 오랫동안 부동산 침체장이 오면서 뉴타운 사업이 지연되고 중단이 됐다. 이미 분양을 시작한 시범 구역 같은 곳들은 한동안 미분양으로 고생을 하기도 했다.

SH공사, 은평뉴타운 할부도 안 먹혀..한달간 계약 2건
- 중개업소 알선 판매 병행..6가구 판매 SH공사가 은평뉴타운 **미분양** 물량을 할부로 내놓았지만 한달여간 2가구를 파는 데 그쳤다. 24일 SH공사에 따르면 지난달 16일부터 은평타운 **미분양**분 215가구를 선착순 할부 분양했지만 현재까지 134㎡형 2가구만 팔렸다. SH...

입지 좋은 왕십리 2구역도...서울 **뉴타운** 분양 '저조'
이 단지는 건립 규모가 2652가구로 전농·답십리**뉴타운** 최대인 데다 분양가도 3.3㎡당 1600만원 선으로 낮아 분양 이전부터 이목을 집중시켰다. 하지만 분양이 부진하자 조합은 **미분양**에 따른 조합원 추가분담금을 산출...

자료 8-1. 시범 뉴타운 미분양 관련 기사 (출처 : 네이버 뉴스)

한동안 서울의 애물단지로 전락했던 뉴타운은 2013년 이후 미분양을 털어내고, 수도권 주택 가격 반등과 함께 황금알을 낳는 거위로 탈바꿈하게 된다. **뉴타운은 신축에 목말랐던 서울의 수요와 거주 환경을 중요시하는 젊은 세대의 니즈를 모두 채워줄 수 있었기 때문이다.**

이번 장에서는 주거 또는 투자 목적으로 접근할 수 있는 서울의 뉴타운들을 간략히 소개하니 참고하길 바란다.

왕십리 뉴타운 : 학군보다는 직주 근접,
왕십리역 호재를 믿고 투자하는 분들에게

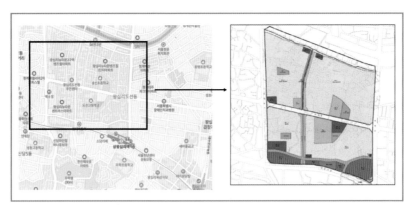

자료 8-2. 왕십리 뉴타운 (출처 : 네이버 지도, 나무위키)

　왕십리 뉴타운은 텐즈힐 1단지, 텐즈힐 2단지, 센트라스 이렇게 3개의 단지로 이뤄진 곳으로, 총 5,400세대 규모의 작은 규모의 뉴타운이다. 텐즈힐은 삼성물산, 대림 등 4개의 건설사가 참여했고, 센트라스는 현대건설, SK건설 등 3개의 건설사 컨소시움으로 준공한 아파트 단지다.

지금은 입지가 좋다고 말하지만, 분양할 당시에는 미분양이 발생해서 분양가격의 최대 20%까지 할인을 하기도 했고, 오랜 진통 끝에 2014년~2016년에 모든 입주를 마쳤다.

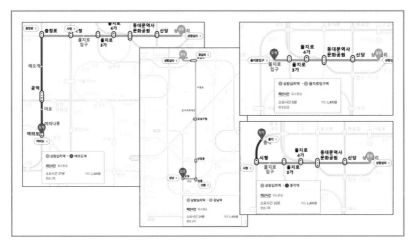

자료 8-3. 서울 3대 업무 지구 30분 이내 접근성 (출처 : 네이버 지도)

왕십리 뉴타운의 가장 큰 장점은 이 그림 하나로 모든 게 설명될 것 같다. **서울의 3대 업무 지구인 강남, 여의도, 종로까지 모두 30분 이내 도착이 가능하다.** 맞벌이 직장인들이 가장 많이 찾는 동네가 될 수밖에 없다는 뜻이다.

뿐만 아니라, 바로 옆에 있는 왕십리역은 이미 쿼드러플 역세권이지만, 동북선이나 GTX 등 추가 노선까지 합치면 강북의 교통 중심지가 될 곳이기 때문에 교통의 장점은 더욱 커질 것이다.

참고로, 왕십리 뉴타운에서는 양쪽으로 이마트가 2개나 있을 정도로 상권도 잘 발달되어 있고, 주변이 평지이기 때문에 도보권으로 이용하기도 편리하다.

자료 8-4. 왕십리 센트라스 전경 (출처 : 네이버 지도뷰)

　반면, 왕십리 뉴타운의 가장 큰 단점은 동네에 중학교가 없어서 거주민들은 자녀들이 중학생이 되면서 동네를 떠나는 경우가 빈번하다. 또한, 텐즈힐의 안쪽 동은 센트라스에 비해서 지하철역까지 거리가 꽤 먼데, 버스 정류장까지 가서 버스 타기도 애매하고, 걸어가기도 애매한 위치다. 이 때문에 항상 텐즈힐은 부동산 시장 조정장에서 급매 잡기가 보다 수월하다.

신길 뉴타운 : 서울 서남 지역에서 교통의 편리함을 원하는 분들에게

자료 8-5. 신길뉴타운 (출처 : 네이버 지도, 영등포구)

교통의 요충지로 한강 이북에 왕십리 뉴타운이 있다면, 한강 이남은 바로 여기다. 신길 뉴타운은 2005년 뉴타운 후보로 선정된 서울시 영등포구 신길동에 위치한 대규모 뉴타운이다. 중국인이나 외국인 노동자들이 주변에 많이 거주하고 있어서 이미지 개선에 상당한 시간이 걸렸지만, 신길 뉴타운은 주변에 많은 지하철 노선이 다니고 여의도, 구로디지털단지, 강남 등 많은 업무 지구를 쉽게 이동할 수 있다는 장점 때문에 많은 사람들이 선호하는 거주지로 변모하게 된다.

자료 8-6. 2024년 신길 뉴타운 현황 (출처 : 아실)

원래 16개의 구역으로 지정이 됐던 신길 뉴타운은 가마산로를 중심으로 남쪽은 어느 정도 뉴타운이 완성되면서 깨끗한 인프라를 갖추게 됐지만, 북쪽은 뉴타운 지역이 상당수 해제되면서 이제서야 다시 재개발을 진행하기 위한 박차를 가하고 있다.

자료 8-7. 5개 노선을 사용할 수 있는 교통 편의성 (출처 : 네이버 지도)

최고의 장점은 1호선, 5호선, 7호선, 신림선 그리고 앞으로 준공될 신안산선까지 신길 뉴타운을 중심으로 무려 5개의 노선을 이용할 수 있다. 이런 교통의 편의성으로 많은 업무 지구와 좋은 연계성을 유지하고 있는데, 특히 아파트가 부족한 여의도의 배후지로서 신축에 대한 갈증을 채워주고 있다. 또한, 베드 타운의 중심 지역에 있다 보니 신도림 디큐브시티, 영등포 타임스퀘어, 여의도 더현대 등 서울의 유명한 백화점 상당수가 주변에 몰려 있다.

신길 뉴타운의 가장 큰 단점은 아무래도 떨어지는 학군이다. 아직 개발되지 않은 빌라촌이 많아서 학업 수준이 그리 높지 않은 상황이고, 신길 뉴타운의 대규모 아파트 단지들은 2020년에서야 대규모 입주를 했기 때문에 아직 학군이나 대규모 학원가가 정착되지 못한 상황이다. 이렇다 보니 아직은 학부모들이 초등학교 고학년부터는 목동으로 이사를 가는 모습이 많이 목격되고 있다.

흑석 뉴타운 : 한강 주변에 거주하면서
교통과 입지의 우위를 누리고 싶은 분들에게

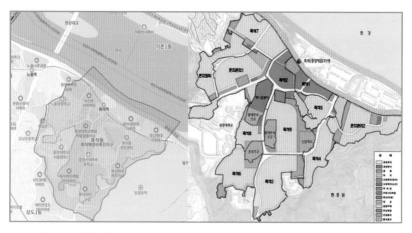

자료 8-8. 한강을 바로 앞에 끼고 있는 흑석 뉴타운 (출처 : 네이버 지도, 나무위키)

흑석 뉴타운은 한강을 바로 앞에 끼고 있는 몇 안 되는 뉴타운 중 하나다. 총 11개의 구역으로 지정이 됐으며, 구역이 해제된 10구역을 제외하면 2011년 흑석한강센트레빌 입주를 시작으로 계속 꾸준히 사업이 진행 중이다. 가장 입지가 좋다고 할 수 있는 1구역은 사업 시행 인

가를 앞두고 있고, 2구역은 많은 진통이 있었지만 공공 재개발로 선정이 되는 등 뉴타운을 완성하기 위해서 계속 나아가고 있다.

자료 8-9. 용산 국제 업무 단지와 여의도, 반포 접근성 (출처 : 네이버 지도)

지리적으로 보면 서울 강남 반포와 인접해 있고, 바로 건너편에는 용산 국제 업무 단지나 여의도가 있어서 중요한 주거지 역할을 하고 있다. 무엇보다 한강 주변 입지의 뉴타운으로서 주변에 부촌이 많이 있다는 것은 앞으로 더욱 흑석 뉴타운의 가치를 상승시킬 수 있는 큰 요인이 될 것 같다.

특히, 9호선의 호재를 가장 크게 받은 지역 중 하나인데, 흑석역이 생기기 전에는 주변 지하철역이 없어서 버스를 타고 동네를 벗어나 4호선이나 7호선을 이용해야 했다. 지금은 강남 업무 지구로 5개 정거장 내에 도달할 수 있는 몇 안 되는 뉴타운 중 하나다.

또한, 중앙대병원이 있다는 점과 중앙대를 중심으로 거리 상권이 발달해 있다는 점도 이곳 거주민들에게는 생활 편의성을 제공하고 있다.

자료 8-10. 아크로리버하임과 흑석자이 (출처 : 네이버 지도뷰)

흑석 뉴타운의 대장 아파트는 2019년에 입주한 아크로리버하임이다. 물론, 앞으로 2구역이 생긴다면 바뀔지도 모르겠지만, 아크로리버하임이 대장 자리를 쉽게 내놓지 않을 것이다. 탁 트인 한강 뷰와 비교적 평지에 위치한 곳이 흑석 뉴타운에서 아크로리버하임이 유일하기 때문이다. 흑석 뉴타운의 다른 단지들의 언덕이 어느 정도 수준인지 궁금하시다면, 가장 최근에 입주한 흑석자이의 언덕을 도보로 한번 경험해보기를 추천 드린다. 물론, 흑석자이는 워낙 큰 단지라서 동마다 경사차이가 있고, 경사가 있는 만큼 한강 뷰가 나온다는 장점이 있다.

참고로, 흑석 뉴타운은 모양이 반듯하지 못해서 길게 바나나 모양의 단지들이 많고, 차로 10~20분 거리에 반포라는 큰 학군지가 있다 보니 학원가가 발달할 만한 큰 상가가 없다는 단점이 있다.

노량진 뉴타운 : 먼 훗날 학군과 교통을
모두 잡을 수 있는 재개발 투자 1순위

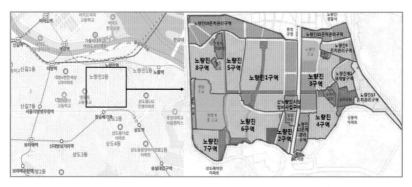

자료 8-11. 노량진 뉴타운 (출처 : 네이버 지도, 나무위키)

　노량진 뉴타운은 한남 뉴타운과 마찬가지로 2003년 2차 뉴타운으로
지정된 곳으로, 현재 재개발 3대장으로 꼽히는 곳이다. 서울시 동작구
노량진동, 대방동과 상도동까지 이어지는 큰 규모의 뉴타운으로 총 8개
의 구역으로 구성되어 있는데, 지하철은 북쪽의 1호선, 9호선 더블 역
세권인 노량진역과 남쪽의 7호선 장승배기역이 그 중심이다. 노량진은
원래 고시촌과 고시 학원이 많은 곳으로, 만약 **뉴타운이 계획대로 진행**

이 되어 신축이 들어서고 주변 인프라가 개선된다면, 추후 목동 이상의 큰 학원가가 발달하지 않을까 기대를 모으고 있다.

자료 8-12. 노량진 뉴타운 입지와 인프라 (출처 : 네이버 지도)

노량진 뉴타운의 입지는 한강 이남에 지정된 뉴타운들 중 가장 좋다고 할 수 있다. 바로 위에는 여의도와 용산 업무 지구가 있으며, 양쪽에는 신길 뉴타운과 흑석 뉴타운이 있어서 같이 인프라를 누릴 수 있다.

또한, 9호선을 이용하면 강남까지 10분대 도달이 가능하고, 서쪽에는 영등포가 있어서 다양한 상업 시설을 이용할 수 있다. 또한, 아직은 착공 전이지만 서부 경전철이 생기면, 노량진 뉴타운을 관통하는 지하철이 생겨서 교통 편의성이 더욱 개선될 예정이다.

흑석 뉴타운과 비교를 굳이 하자면 한강 뷰가 부족하다는 점이 다소 아쉽긴 하지만, 평지가 많고 재개발 구역이 오밀조밀 모여 있어서 규모의 힘을 이루기 더 쉽다는 장점이 있다.

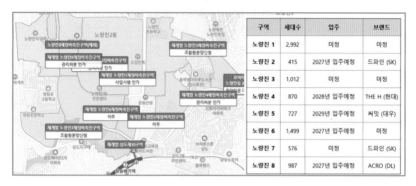

구역	세대수	입주	브랜드
노량진 1	2,992	미정	미정
노량진 2	415	2027년 입주예정	드파인 (SK)
노량진 3	1,012	미정	미정
노량진 4	870	2028년 입주예정	THE H (현대)
노량진 5	727	2029년 입주예정	써밋 (대우)
노량진 6	1,499	2027년 입주예정	미정
노량진 7	576	미정	드파인 (SK)
노량진 8	987	2027년 입주예정	ACRO (DL)

자료 8-13. 2024년 노량진 뉴타운 현황 (출처 : 아실)

노량진 뉴타운은 이제 막 몇몇 구역들이 이주를 마치고 있고, 2029 년이 되면 어느 정도 뉴타운의 모습이 갖춰질 수 있을 것으로 기대가 된다. 현재의 개발 속도로 보면 짝수인 2, 4, 6, 8구역이 모두 속도가 빠르다. 그나마 다행인 점은 구역별 재개발 속도 차이가 너무 크거나 일부 구역이 아예 해제된 다른 뉴타운들과는 달리 노량진 뉴타운은 1, 3, 5, 7구역 역시 속도가 많이 뒤처지지 않으면서 개발이 되고 있다는 점이다.

가장 대장 입지는 1구역인데 세대수가 가장 많고, 노량진역과 가장 가까워서 기대를 모으는 사업장이다. 노량진 2구역, 5구역, 6구역이 2027년부터 차례대로 완공 예정인데, 가장 큰 규모의 노량진 1구역이 완성되기 전까지는 다소 뉴타운이 단절되어 있어서 하나의 큰 인프라를 누리기 위해서는 약간의 시차가 걸릴 것으로 보이는 것이 단점이다.

가재울 뉴타운 : 입지와 가격 모든 것이 무난한
가성비 좋은 곳을 찾는 분들에게

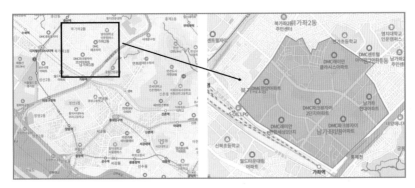

자료 8-14. 가재울 뉴타운 (출처 : 네이버 지도)

가재울 뉴타운은 서대문구 남가좌동에 있는 2기 뉴타운 사업으로 2009년부터 입주를 시작했다. 개인적으로는 지인이 오랫동안 살고 있어서 개발 과정을 처음부터 끝까지 지켜봤던 곳이라 더욱 애정이 가는 뉴타운이다. 모래내시장으로 대표되던 이 지역은 원래 빌라촌과 함께 시설이 크게 낙후된 곳이었는데, 뉴타운 개발 사업과 함께 서북 지역에서 많은 사람들이 선호하는 거주 지역이 됐다.

DMC아이파크와 센트레빌이 2009년 입주를 시작했지만 세대수가 작은 규모의 아파트 단지였고, 2012년 3,300세대의 DMC래미안이편 한세상과 2015년 4,300세대의 DMC파크뷰자이가 입주를 하면서 현재의 가재울 뉴타운의 위용을 갖추기 시작했다.

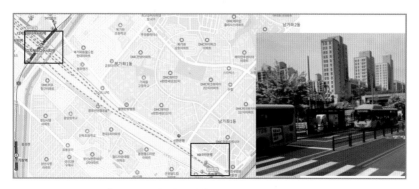

자료 8-15. 가재울 뉴타운 교통 (출처 : 네이버 지도)

가재울 뉴타운의 지하철 교통은 사실 그리 좋다고 할 수는 없다. 가장 가까운 역은 가좌역이지만 배차 간격이 넓어서 이용이 불편한 경의 중 앙선이며 6호선, 공항철도 등이 지나가는 트리플 역세권인 디지털미디 어시티역은 걸어가기가 다소 애매하다. 그나마 장점은 중앙 버스 노선 이 발달되어 있어서 출퇴근 시간에도 크게 막히지 않고 도심으로 나갈 수 있다는 점이다. 실제로 이곳에 거주하는 많은 사람들은 버스를 타고 출근을 하거나 2호선을 탈 수 있는 곳으로 이동을 한다.

자료 8-16. 가재울 뉴타운 내부 (출처 : 네이버 지도뷰)

반면, 뉴타운 내로만 들어오면 새로운 세상이 펼쳐진다. 다른 뉴타운들보다 비교적 도로가 넓은 편이고, 정사각형 모양의 뉴타운이라서 시설들이 집약적으로 모여 있다. 기존 언덕은 아파트 단차를 이용해서 해결했고, 대부분의 단지가 평지이기 때문에 어린아이가 있는 가족에게 특히 선호되는 곳이다. 강북 주요 업무 지구, 특히 디지털미디어시티로 출퇴근하는 수요에게는 실거주 만족도가 상당히 높은 주거지다.

전농, 답십리 뉴타운 : 청량리역 개발과 함께
미래의 비전을 보면서 실거주를 원하는 분들에게

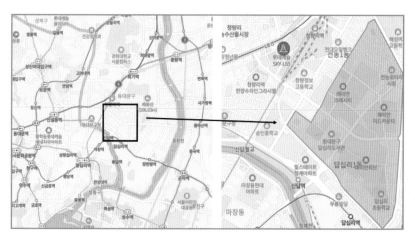

자료 8-17. 전농, 답십리 뉴타운 (출처 : 네이버 지도)

전농, 답십리 뉴타운은 2003년 지구 지정 이후 2005년에 개발 승인
이 나면서부터 사업을 진행한 약 13,850세대의 뉴타운이다. 아직 한
창 재개발이 진행 중인 전농 8구역을 제외하면 총 5개의 구역이 모두
2018년까지 입주를 마친 상태이고, 가장 최근에는 802세대 규모의 답

자료 8-18. 청량리역 개발 (출처 : 국토교통부, 롯데캐슬SKY L-65)

십리 파크자이가 2019년 입주를 완료했다.

사실 청량리의 이미지가 예전에는 그리 좋지 못했기 때문에 전농, 답십리 뉴타운 역시 처음에는 큰 주목을 받지 못했다. 하지만, 청량리 개발 사업이 하나 둘 실현되고, 주변이 정비가 되면서 훌륭한 입지로 다시 한번 주목을 받게 됐다.

청량리의 GTX-B, C 노선 및 지역 개발 사업은 전농, 답십리 뉴타운의 가격 상승을 이끄는 큰 힘이다. 지하철 노선의 준공은 아직 멀었지만, 실제로 주변은 많이 정비가 되면서 말 그대로 천지개벽이라는 단어가 가장 잘 어울리는 곳이 됐다. 계획대로 9개의 노선이 통과하는 역이 된다면 청량리의 위상은 분명 현재와 다를 것 같다.

실제로 2017년부터 본격적으로 진행된 서울의 부동산 상승장에서 다음 자료 8-19와 같이 전농, 답십리 뉴타운의 대장 아파트라고 할 수 있는 래미안크레시티는 같은 급의 다른 뉴타운의 아파트들 대비 가격 상승률이 더 높았다는 것을 알 수 있다.

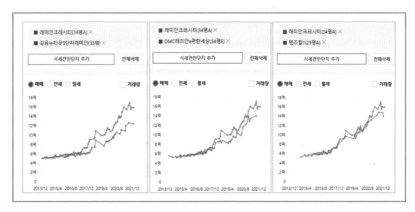

자료 8-19. 래미안크레시티 매매가격 상승률 (출처 : 아실)

    청량리역과 함께 답십리역 역시 많은 뉴타운 거주민들이 이용하는 역인데, **답십리역 주변도 많은 개발을 하고 있기 때문에 앞으로 시너지 효과는 계속될 것으로 예상한다.**

    다만, 뉴타운 중간중간에 개발이 안 된 빌라촌이 섞여 있다는 점과 학군 수준이 아직은 그리 높지 않다는 점은 큰 단점이다. 여전히 빌라촌 재개발이 진행 중이지만, 뉴타운이 개발된 지 거의 10년이 다 되어가도

자료 8-20. 답십리역과 주변 환경 (출처 : 네이버 지도)

록 아직 이렇다 할 학원가도 없다는 점과 학업 성적이 다소 떨어진다는 인식은 학령기의 자녀를 둔 부모들에게는 실거주로 고민일 수밖에 없다. 하지만, 이 점 역시 신축이 증가하면서 개선될 수 있지 않을까 기대한다.

길음 뉴타운 : 신축 인프라 느낌보다 적당한 가격으로 학군과 입지를 동시에 잡고 싶은 분들에게

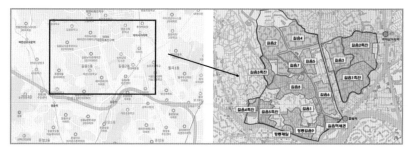

자료 8-21. 길음 뉴타운 (출처 : 네이버 지도, 나무위키)

길음 뉴타운은 원래 산동네의 노후화된 단독주택이 많았던 곳이다. 개발 계획 발표 후 가장 빠른 속도로 진행되며, 2003년부터 입주를 시작했는데 약 2만 세대가 입주하며 대규모 주거지를 이루게 된다. 특히, 1군 브랜드 중 가장 인기가 많은 삼성래미안이 5개 단지나 들어왔다.

구역 자체가 워낙 크다 보니 아직도 입주를 진행하고 있고, 길음 역세권 개발인 롯데캐슬트윈골드는 2024년 말 입주 예정이라 촉진구역과 신길음구역의 남은 아파트 단지만 들어오면 길음 뉴타운은 완성된다.

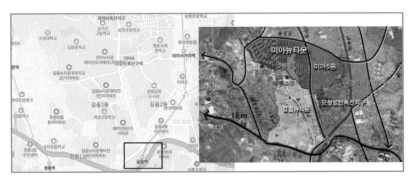

자료 8-22. 길음 뉴타운 주변 재정비지구 (출처 : 네이버 지도, 나무위키)

길음 뉴타운은 4호선 길음역 아래의 남쪽에 있다. 이 때문에 버스를 타고 뉴타운 내에서 길음역에 접근해야 하는 경우가 많은데, 래미안 1단지, 6단지, 8단지 그리고 최근 준공된 롯데캐슬클라시아 정도가 그나마 역세권이라고 할 수 있다.

큰 장점 중 하나는 미아 뉴타운과의 시너지다. **미아 뉴타운이 완성이 되면 남북으로 상당히 큰 규모의 뉴타운이 탄생한다.** 주변에 영훈국제중, 대일외고가 있고, 명문학교인 계성고가 명동에서 이전했으며, 일반 중학교인 길음중학교도 성적이 좋아 성북구에서는 괜찮은 학군 지역으로 꼽힌다.

자료 8-23. 길음 뉴타운 경사도 (출처 : 네이버 지도뷰)

가장 큰 단점은 역시 언덕과 아파트 연식이다. 길음 뉴타운은 서울의 뉴타운들 중 가장 언덕 경사가 심한 곳이다. 실제로 임장을 해보면 길음역 앞에 있는 몇 개 단지를 제외하면 상당수 단지들이 언덕 위에 있는데, 실거주자들이 겪는 가장 불편한 점 중 하나다. 또한, 뉴타운 중 워낙 입주가 이르다 보니 이미 연식이 20년 가까이 되는 아파트들이 상당히 있어서 뉴타운의 맛이 없다는 아쉬움이 있다.

수색, 증산 뉴타운 : 주변 개발 사업으로 이제 뉴타운의 힘을 받기 시작하는 거주지를 찾는 분들에게

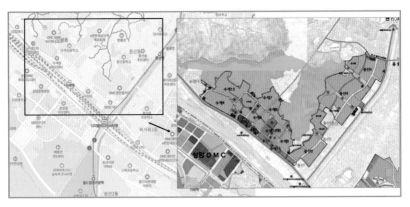

자료 8-24. 수색, 증산 뉴타운 (출처 : 네이버 지도, 나무위키)

수색, 증산 뉴타운은 은평 뉴타운에 이은 서울시 은평구의 2번째 뉴 타운으로 2006년에 뉴타운 지구로 지정됐다. 수색 1~14구역 및 증산 1~6구역 총 20개 구역으로 구성된 대규모 재개발 사업이다. 바로 건너 편에 상암 DMC라는 업무 단지가 있고, 대규모 수색 역세권 개발 사업 이 예정이 되어 있어서 더욱 기대가 되는 주거 지역이다.

자료 8-25. 글로벌 문화 복합 중심지로서의 수색, 증산 뉴타운 (출처 : 서울도시개발계획)

2040 서울도시개발계획에서도 광역 중심 거점으로 상암, 수색이 언급되어 있다. 글로벌 문화 복합 중심지로서 1단계 DMC역 복합 개발을 시작해 2단계 철도시설 부지까지 상업 시설 개발을 하겠다는 계획이다. 가장 빠른 시일 내에 우리가 볼 수 있는 것은 2027년 완공 예정인 롯데몰 상암DMC점이 될 것 같다. 수색 역세권 개발은 철도 부지를 이전해야 한다는 큰 절차가 남아 있지만, 이 호재가 실현이 된다면 수색, 증산 뉴타운의 입지는 완전 달라질 것이다.

자료 8-26. 수색, 증산 뉴타운 변전 시설 위치와 한전 은평지사 사옥 투시도
(출처 : 네이버 지도, 한전)

수색, 증산 뉴타운은 서울 외곽의 다른 뉴타운과 마찬가지로 부동산 침체 시기에 상당수의 구역이 해제가 됐고 사업이 지연됐다. 가장 먼저 입주한 아파트 단지가 수색 4구역인 DMC롯데캐슬더퍼스트로 2020년에 입주를 했으니 지구 지정이 되고, 무려 14년 뒤에 첫 결과물을 볼 수 있었다. 현재 뉴타운의 중심부에는 앞의 자료 8-26과 같이 대형 변전소가 남아 있고, 이 시설이 뉴타운의 좌우를 단전 시키는 요인이 되고 있다. 하지만, 변전 시설은 지화화하고, 복합 용지에 한전의 은평지사 사옥을 2025년 말 건립 예정이라 많은 변화가 예상된다.

자료 8-27. 수색 뉴타운의 현황 (출처 : 네이버 지도)

수색역에 위치한 수색 뉴타운은 2023년 하반기에 대거 입주를 마무리해서 6구역, 7구역, 13구역, 3개의 단지가 준공 완료됐다. 약 4,000세대가 넘는 아파트 단지의 신규 인프라와 상권이 이제 막 자리를 잡고 있는데, 가장 큰 단점은 초등학교만 있고 주변에 중학교와 고등학교가 없다는 점이다.

자료 8-28. 증산 뉴타운의 현황 (출처 : 네이버 지도)

　반면, 디지털미디어시티역 역세권 아파트 단지는 초등학교와 중학교를 모두 주변에 두고 있지만, 다소 거리가 멀고 아직 신축 아파트 단지가 2개뿐이라 뉴타운 같은 이미지가 다소 떨어진다는 단점이 있다. 참고로 증산 4구역과 증산 5구역이 북쪽에서 재개발 사업이 진행 중이다.

PART

09

수도권 부동산 매수,
여기를 주목하자 II

신규 지하철역이 생기는
호재가 있는 곳을 주목하자

부동산 시장에서 교통 호재 발표는 상승장에서 가격 상승의 트리거 포인트가 되기도 하고, 하락장에서는 가격 하락을 방어하는 역할을 하기도 한다. 하지만, 기본 계획 수립 이후 예비 타당성 통과와 기본 계획 승인까지 상당히 오랜 시간이 걸린다. 또한, 사업 경제성과 정책의 의의에 따라 철도 사업이 순탄하게 진행된다고 해도 보통 설계에만 2~3년, 공사에 3~4년 이상 걸리기 때문에 한 주택을 소유하면서 실제 사업의 완성 모습을 보는 것은 사실 쉬운 일은 아니다. **그럼에도 불구하고 확실한 것은 지하철 호재는 실제 실현되고 준공만 된다면, 해당 동네에 엄청난 호재가 된다는 것이다.** 가장 기본적인 효과 몇 가지를 말씀드리면 다음과 같다.

첫째, 새로운 지하철 노선이 생기면 서울 중앙보다는 외곽 지역일수록 더 큰 효과가 있다. 당연히 직주 근접 개선 효과가 멀수록 더 크기 때문이다.

둘째, 기존에 이미 역이 있어서 더블 역세권이 되는 것보다 지하철역이 없던 곳에 신규 역이 생기는 지역일수록 효과가 더 크다.

셋째, 역 주변 부동산 시세에 가장 영향을 주는 시점은 일반적으로 '기본 계획 발표 시점-타당성 통과 시점-착공 시점-준공 시점' 이렇게 4번의 상승을 기대할 수 있다. 물론, 해당 시점의 부동산 시황이 가장 중요하다.

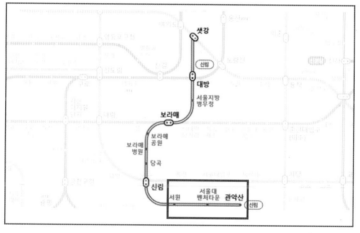

자료 9-1. 지하철역이 없던 곳에 신규 역이 생긴 지역(신림선 서원역~관악산역) (출처 : 네이버 지도)

예를 들면, 2022년 신설된 신림선의 경우 시세에 가장 큰 영향을 줄 수 있는 곳은 기존 지하철역이 아예 없던 외곽 지역인 '서원역~관악산역'이라고 할 수 있다. 이곳의 거주민들에게는 엄청난 출퇴근 시간 개선 효과가 있을 것이다.

이번 장에서는 **다가오는 철도 호재와 함께 신설역이 생기는 가장 큰 효과가 있는 수도권 지역들과 아파트 단지들**을 소개하니 참고하길 바란다.

GTX-A

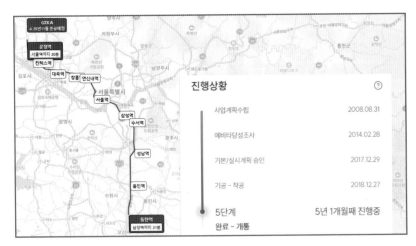

자료 9-2. GTX-A 노선 (출처 : 아실)

    어느 지하철 노선과 마찬가지로 GTX-A 역시 준공을 앞두고 지연이 발생하고 있다. 착공 당시 2024년 전 구간 개통을 목표로 하고 달려왔지만, 현재는 전 구간 개통을 2028년으로 예상하고 있다. 다만, 수서-동탄 재정 구간과 운정-서울역 일부가 미리 개통하는 점은 다행스럽다.

GTX-A는 운정역에서 서울역까지 20분 만에 도달 가능하고, 동탄역에서 삼성역까지 22분 만에 도달 가능한 혁신적인 노선인 만큼 지하철역이 신설되는 곳들은 부동산 시장의 지각 변동을 일으킬 수 있을 것으로 보인다.

1. 파주 운정역

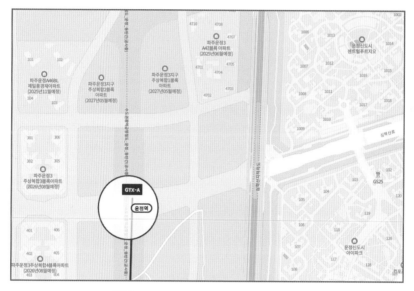

자료 9-3. GTX-A 파주 운정역 (출처 : 호갱노노)

GTX-A의 가장 큰 수혜 지역은 바로 파주 운정이다. 동탄은 어차피 자급자족 도시이고 기존에 SRT 노선도 있지만, 파주 운정 같은 경우는 사실상 서울 출퇴근용으로 이용할 수 있는 지하철 노선 자체가 없는 곳이었다. 이런 파주 운정에 GTX-A역 신설은 서울 접근성을 크게 개선시키는 효과를 가지고 올 것이다.

자료 9-4. GTX-A 파주 운정역 주변 상업 시설 (출처 : 네이버 부동산)

　역 주변은 상업 시설로 둘러싸여 있는데, 이곳이 아마 파주 운정의 주요 상권이 될 것이다. 특이한 점은 주변 준주거 용지와 공동 주택 용지가 모두 사전 청약으로 진행된 아파트라는 점이다. 현재 준공된 민간 아파트 중 GTX-A역에 가장 가까운 아파트는 바로 오른쪽에 위치한 운정신도시아이파크다.

단지 정보			
세대수	3042세대(총30개동)	저/최고층	17층/29층
사용승인일	2020년 07월 22일	총주차대수	4593대(세대당 1.5대)
용적률	185%	건폐율	13%
건설사	현대산업개발(주)		
난방	지역난방, 열병합		
관리사무소			
주소	경기도 파주시 동패동 1781 도로명 경기도 파주시 심학산로 384		
면적	80A㎡, 81B㎡, 112A㎡, 112B㎡, 114C㎡, 129㎡, 144A㎡, 145B㎡, 145C㎡		

자료 9-5. 운정신도시아이파크 단지 정보 (출처 : 네이버 부동산)

지하철역까지 도보로 약 10분 정도 거리에 위치한 3,042세대 2020년 준공된 신축 아파트다. 초등학교를 품고 있는 초품아 아파트로 현재 파주 운정 신도시의 시세를 리딩하는 대장 아파트라고 할 수 있다. 호재 기대감이 들어간 아파트여서 평균 전세가율은 50% 초반 수준이라 매매-전세 갭은 다소 크다. 하지만, GTX의 호재를 고려하는 실수요자라면 여전히 매수를 고려할 만한 아파트 단지다.

2. 킨텍스역

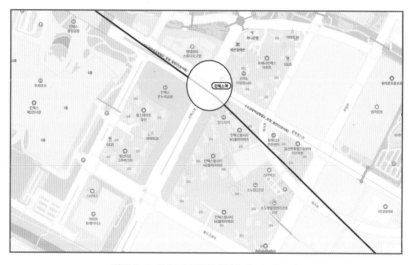

자료 9-6. GTX-A 킨텍스역 (출처 : 호갱노노)

파주 운정역 못지않게 큰 효과를 기대할 수 있는 곳이 바로 일산 킨텍스역 인근이다. 1기 신도시인 일산의 서남에 위치한 킨텍스역 인근은 신축에 목마른 기존 일산 주민들이 이미 상당수 거주를 위해 넘어가고 있다. 다만, 여전히 서울 출근을 위한 교통은 M버스에 의존해야 하는 큰 문제가 있었는데, GTX-A 노선은 이런 고민을 단번에 해결해줄 수 있다.

자료 9-7. 킨텍스역 인근 호재 (출처 : 네이버 부동산, 고양도시관리공사)

킨텍스역 인근은 CJ라이브시티, 고양방송영상밸리, 일산테크노밸리 등 자급자족 도시로 거듭나기 위한 굵직한 개발 사업들이 기다리고 있다. 이미 주변 인프라가 상당히 발달한 상태에서 이런 일자리까지 채워진다면 킨텍스역 인근은 서울 이남의 2기 신도시(광교, 판교 등)들 못지않은 거주가 용이한 지역이 될 것이다.

가장 주목해야 하는 아파트 단지는 초역세권 아파트인 킨텍스원시티다. 1~3블록으로 구성된 대규모 아파트 단지인데 다음 자료 9-8은 2단지 정보다.

어차피 킨텍스역 인근은 초품아나 학원가가 발달한 아파트 단지가 없기 때문에 상권이 발달한 곳 위주로 아파트 단지를 살펴봐야 한다. 킨텍스원시티의 경우, 킨텍스역 접근이 용이하고 스트리트 상가가 잘 발달되어 있어서 2단지가 가장 좋은 입지라고 할 수 있다

전용 84㎡ 기준으로 최고 매매가는 무려 16.55억 원이다. 서울의 중

단지 정보			
세대수	959세대(총5개동)	저/최고층	43층/49층
사용승인일	2019년 08월 22일	총주차대수	1369대(세대당 1.42대)
용적률	359%	건폐율	20%
건설사	지에스건설(주),(주)포스코건설,현대건설(주)		
난방	지역난방, 열병합		
관리사무소	031-926-3058		
주소	경기도 고양시 일산동구 장항동 1761 [도로명] 경기도 고양시 일산동구 월드고양로 19		
면적	118C㎡, 118B1㎡, 118A3㎡, 118A1㎡, 118B3㎡, 119A2㎡, 147A㎡, 170T1㎡, 170T3㎡, 171T2㎡, 203P1㎡, 204P2㎡,		

자료 9-8. 킨텍스원시티 2단지 정보 (출처 : 네이버 부동산)

급지 이상의 매매가격을 보여주고 있는데, 그만큼 많은 호재가 가격에 반영되고 있다. 2022년 하반기 최저 매매가격이 10억 원대가 될 정도로 큰 폭락이 있었지만, 호재와 함께 빠른 가격 회복을 보여주는 곳이다.

8호선 별내선 연장
신설역

자료 9-9. 8호선 별내선 연장 신설역 (출처 : 아실, 리치고)

    2001년 사업 계획을 수립한 별내선은 8호선을 연장하는 노선으로 2호선 환승역이자 업무 지구 중 하나인 잠실역까지 도착 시간을 30분 이상 단축시켜주는 중요한 노선이다. 2024년 하반기 개통을 목표로 여전히 공사가 진행 중이다. 이 노선은 '구리 구도심-진건 지구-별내 지구' 이렇게 경기도의 주요 3곳 지역을 지나가는데, 기존 경의 중앙선과 경춘선이 있는 구리역과 별내역을 제외하면 모두 역이 신설되는 곳들이고, 기존에 강남 방향으로 내려가는 지하철 노선이 없던 지역이라 많은 이용자들의 교통 불편함을 해소해줄 수 있을 것이라고 예상된다.

1. 진건역

진건 지구보다 다산 신도시로 사람들에게 더 알려져 있는 곳이다. **다산 신도시에도 오랜 기다림 끝에 드디어 지하철역이 생긴다.** 주변 지인들을 보면 다산 신도시에서 출퇴근하는 분들은 현재 M버스를 통해서 서울로 이동을 하고 있지만, 앞으로 진건역이 생기면 많은 분들이 지하철을 이용할 것 같다. 이 효과는 하남 미사 5호선 연장만큼 클 것으로 예상된다.

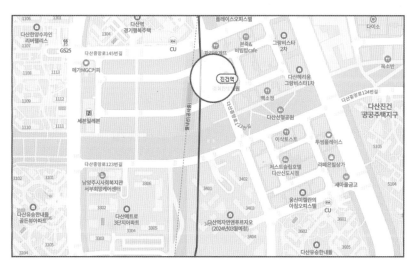

자료 9-10. 8호선 별내선 연장 진건역 (출처 : 호갱노노)

진건역 인근에는 이미 상권이 발달되어 있고, 초역세권 인근에는 오피스텔들이 이미 준공되어 있다. 하남 미사가 그랬던 것처럼 역이 생기면 오피스텔의 임차가격도 상당히 오를 것 같다.

이곳에서 가장 주목하는 아파트로 선택하는 곳은 바로 다산자이아이비플레이스다. 다산자이는 967세대로 이뤄진 2021년 신축 아파트다.

자료 9-11. 다산자이아이비플레이스 단지 정보 (출처 : 네이버 부동산)

진건역에서 도보 5분 정도 거리에 위치한 아파트 단지인데, 주변 학원가도 이용하기 편리하다. 가장 가까운 학교인 다산하늘초등학교까지 길을 건너야 갈 수 있다는 점이 다소 걸리긴 하지만, 역세권인 점과 주변 상권이 이용 가능한 점을 더 크게 보고 있다.

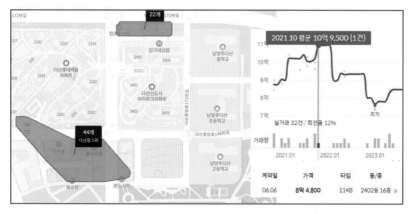

자료 9-12. 다산신도시아이파크 입지와 매매가격 (출처 : 호갱노노)

　다음으로 주목하는 아파트 단지 중 하나는 다산신도시아이파크다. 다산신도시아이파크는 다산 신도시에서 유일하게 초, 중, 고를 모두 근처에 두고 있고, 공원이나 상권 이용의 편리함으로 거주 편이성이 우수한 아파트 단지다. 2017년에 준공된 이 아파트는 거래량이 꽤 많은데, 전용 84㎡ 기준으로 최고가는 10.95억 원까지 찍기도 했다.

2. 장자호수공원역(토평역)

　서울 강동구 바로 건너편이지만 그동안 지하철이 없어서 서울이 멀게만 느껴졌던 구리시의 장자호수공원역 인근에는 많은 구축 아파트들이 있다. 이제 지하철을 타고 서울까지 5분이면 도달이 가능하다.

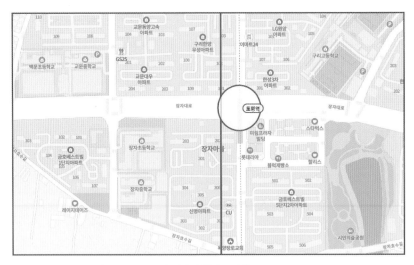

자료 9-13. 8호선 별내선 연장 토평역 (출처 : 호갱노노)

　이곳의 아파트 단지들은 모두 구축이고, 다른 장점들을 가지고 있어서 어느 아파트 하나를 대장이라고 말하기는 어렵다.

자료 9-14. 토평역 인근 동양 아파트 (출처 : 네이버 지도)

우선, 역에서 가장 가까운 아파트는 역이 바로 앞에 생기는 2001년에 준공된 동양 아파트다. 이 아파트 단지는 좀 돌아서 가야 하기는 하지만 초등학교도 바로 옆에 끼고 있고, 큰 상권도 바로 건너편에 있다. 그렇기 때문에 입지만으로 봤을 때는 대장 입지라고 할 수 있지만, 세대수가 212세대로 너무 적다.

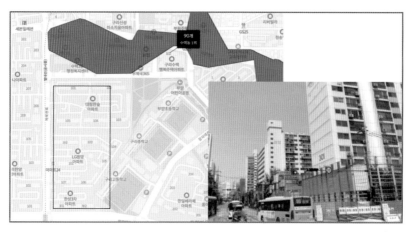

자료 9-15. 토평역 북동쪽 아파트 단지 (출처 : 호갱 노노)

세대수나 단지들이 모여 있는 힘을 보면 토평역 오른쪽 위에 위치한 1994~1995년에 준공된 아파트 단지들이 오히려 좋아 보인다. 수택동 최대 학원가도 바로 위에 끼고 있고 초, 중, 고도 길은 돌아가지만 주변에 두고 있다

특별한 대장 아파트가 없다는 것은 그만큼 신축이 부족하다는 뜻이기도 하다. **역세권 위주로 구축 아파트들의 재건축 호재도 같이 고려를 해야 하는 곳이다.**

신안산선

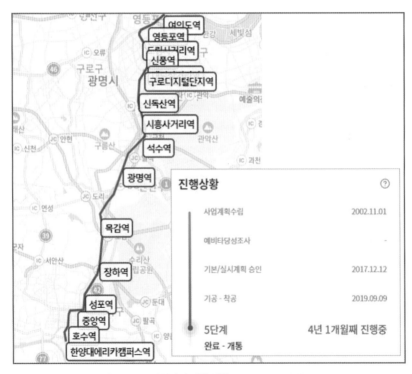

자료 9-16. 신안산선 진행 상황 (출처 : 아실, 리치고)

2002년 사업 계획을 수립한 신안산선은 오랜 기간 동안 사업이 정체됐다가 2017년 기본, 실시계획이 승인이 되면서 2019년 착공까지 이어졌다. 1단계로 2025년 총 15개의 역으로 운영될 예정이고, **안산과 주변 도시들의 서울 접근성을 20분대로 줄여줄 수 있는 아주 중요한 노선**이다.

현재 알려진 바에 따르면 한양대에리카역에서 여의도까지 지하철 소요 시간은 약 25분 정도로 잡고 있다 신안산선은 '안산-시흥-광명-서울'을 통과하는 노선으로 총 8개의 역은 급행 정차역으로 운영될 예정인데, 서울에서 거리가 멀수록 급행이 정차하는 곳의 주택 가격의 추가 상승이 예상된다.

1. 한양대에리카캠퍼스역(한양대역)

현재 기준, 신안산선의 종점역이자 급행역인 한양대에리카캠퍼스역은 가장 큰 수혜를 받을 것으로 예상이 되는 역이다. **주변에는 주거 지역뿐 아니라 한양대 안산캠퍼스가 있고, 혁신파크첨단산업단지까지 조성 중이라 많은 사람들이 신안산선을 이용할 것으로 예상된다.** 사동 89 도시 개발 구역 및 송산 그린 시티의 거주민들도 아마 한양대에리카캠퍼스역에서 신안산선을 이용하지 않을까 예상한다.

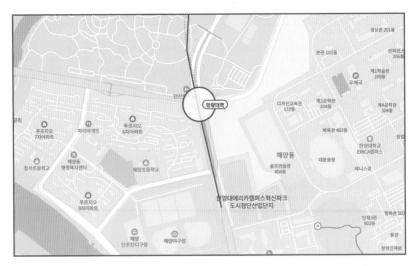

자료 9-17. 신안산선 한양대역 (출처 : 호갱노노)

이곳에서 가장 주목하는 아파트로 선택하는 곳은 바로 초역세권이 될 안산고잔푸르지오 6단지 아파트다.

자료 9-18. 안산고잔푸르지오 6단지 정보 (출처 : 호갱노노, 네이버 부동산)

안산고잔푸르지오는 2005년식 구축 아파트이지만, 현재 입지는 가장 좋다고 할 수 있다. 초등학교와 중학교를 품고 있고, 바로 건너편에는 안산 호수공원이 있다. 한 가지 아쉬운 점이라면 주변에 큰 상권이 없다는 점인데, 이 역시 주변 개발과 함께 개선되지 않을까 기대하고 있다.

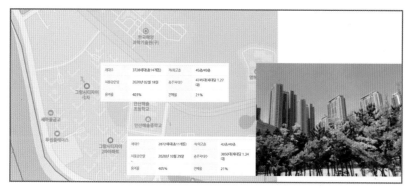

자료 9-19. 그랑시티자이 1차, 2차 (출처 : 네이버 부동산)

주변 신축 아파트는 그랑시티자이 1차와 2차가 있는데, 2020년에 준공된 6,500세대 매머드급 단지다. 한양대역에서는 도보로 가기는 어렵지만, 버스를 타면 10분 만에 도달할 수 있는 거리라서 호재를 같이 누릴 수 있다고 보면 될 것 같다.

참고로, 안산시는 신안산선을 3km 정도 연장해서 그랑시티자이 아파트 단지와 세계정원경기가든까지 역을 추가하는 것을 검토 중이다. 이 연장안이 확정되면 신축인 그랑시티자이 입지는 지금보다 더 크게 개선될 것으로 예상된다.

2. 호수역

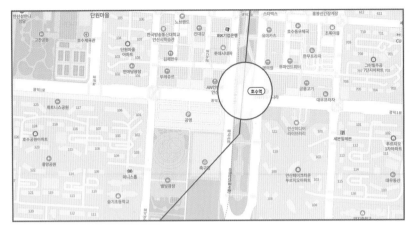

자료 9-20. 신안산선 호수역 (출처 : 호갱노노)

호수역은 안산 고잔 신도시의 상권이 있는 곳이다. 신설되는 **호수역을 기점으로 양옆에 상권들이 크게 발달해 있고, 뒤로는 주거 지역이 있다. 안산 최대의 학원가가 밀집해 있고, 2~3개의 블록마다 큰 공원이** 하나씩 있어서 거주하기는 매우 좋은 편이라고 할 수 있다. 이번에 호수역이 신설되면서 그동안 지하철을 타려면 4호선 중앙역까지 가야 했던 문제를 해결하고, 서울 접근성을 크게 개선할 수 있게 된다. 또한, 아직까지는 중앙역이 안산의 메인 상권이라고 할 수 있지만, 호수역이 생기면 조금 더 쾌적한 느낌의 호수역 인근 상권이 조금 더 발전할 수 있지 않을까 생각해본다.

이곳의 대장 아파트는 호수역 초역세권이자 가장 신축인 안산레이크타운푸르지오 아파트다.

자료 9-21. 안산레이크타운푸르지오 단지 정보 (출처 : 네이버 부동산)

2016년에 준공된 1,569세대의 대규모 아파트 단지로 북쪽에 있는 단지는 역에 가깝다는 장점이 있고, 남쪽에 있는 단지는 강 및 공원 뷰가 펼쳐진다는 장점이 있다. 초등학교, 중학교 거리와 학원가까지의 거리도 멀지 않아서 인근의 최고 입지라고 할 수 있다.

3. 목감역

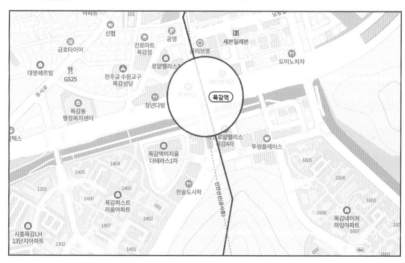

자료 9-22. 신안산선 목감역 (출처 : 호갱노노)

목감역은 시흥 목감 지구 인근에 역이 신설된다. 실제 아파트 단지들은 역에서 다소 떨어진 수도권 1순환 고속도로 왼쪽에 몰려 있어서 역의 위치가 다소 아쉽긴 하지만, 이 지역 사람들의 유일한 지하철 노선으로 서울로 통하는 길이 될 것으로 예상된다.

자료 9-23. 목감호반베르디움더프라임 단지 정보 (출처 : 네이버 부동산)

사실 역에서 가장 가까운 다른 아파트들도 있지만, 브랜드 우위에 따라서 목감호반베르디움더프라임을 가장 우수한 아파트로 꼽는다. 2017년에 준공된 신축 아파트이고, 세대수는 약 600세대로 보통 규모 단지의 아파트다. 앞으로 역이 생기면 중심 상권이 될 수 있는 상가들이 단지 앞에 위치하는 편의성은 있지만, 초등학교가 다소 멀리 떨어져 있는 점은 아쉽다.

자료 9-24. 목감역 주변의 아파트 단지들 (출처 : 네이버 지도뷰)

택지 지역이 아니어서 아무래도 주변은 조금 어수선하다. 그럼에도 불구하고 역세권 입지의 장점으로 목감 택지 지역의 아파트들보다 거래되는 가격이 더 비싸다. 급행 열차가 정차하는 곳은 아니지만, 지리적으로 안산보다 서울과 가깝고 주변에 지하철이 없던 곳에 생기는 지하철역인지라 안산만큼 파급이 클 것으로 보인다.

7호선
연장

7호선 연장은 현재 수도권의 서쪽과 북동쪽 끝에서 진행 중이다.

자료 9-25. 7호선 연장 진행 상황 (출처 : 아실, 리치고)

  첫 번째 사업은 인천 석남역에서 인천 청라의 주요 지역을 통과하는 7
호선 연장 사업으로, 2027년 완공을 목표로 달려가고 있다. 두 번째 사업
은 의정부와 양주를 통과하는 7호선 연장 사업으로 2026년 완공을 목표

로 달려가고 있다. 다른 노선과 마찬가지로 사업계획수립을 진행하고 오랜 시간이 지난 뒤 공사를 시작했고, 여전히 완공 기간은 추가 연기될 가능성도 있다. 하지만, 7호선은 강남, 가산디지털단지 등 주요 업무 지구를 통과하는 노선으로 연장선이 완성되면, 1호선 못지않은 긴 노선이 될 것이고 추후 급행이 생기면 급행 열차가 지나가는 역이 핵심이 될 것이다.

1. 커낼웨이역

자료 9-26. 청라 7호선 연장역 위치 (출처 : 네이버 부동산)

청라 7호선 연장의 경우, 끝에 있는 역으로 갈수록 청라 국제 업무 지구로 연결이 되기 때문에 아파트 단지들보다는 오피스 빌딩이 많다. 즉, 도보권으로 연결되는 아파트 단지들이 몇 개 없다.

자료 9-27. 7호선 커낼웨이역 (출처 : 호갱노노)

주거 지역 중 가장 큰 수혜를 받는 곳이 바로 커낼웨이역이다. 이곳을 가본 분들은 알겠지만, 역 주변에 예쁜 수변 공원이 있다. 이 수로를 중심으로 주거 지역이 감싸고 있는데, 특히 많은 주상 복합 아파트들이 있다.

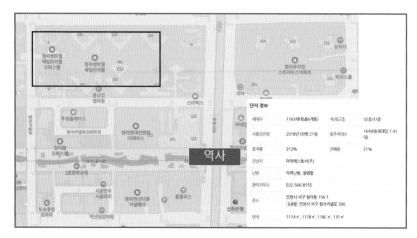

자료 9-28. 청라센트럴에이린의뜰 단지 정보 (출처 : 네이버 부동산)

이곳에서 가장 주목하는 아파트 단지로 꼽는 곳은 바로 청라센트럴에이린의뜰이다. 주변의 깔끔한 상권 때문에 실제 청라 거주자들이 상당히 선호하는 아파트 단지이기도 하다. 무엇보다 현재 역 주변의 아파트들 중 가장 역과의 거리가 가깝다. 2018년에 지어진 아파트 단지로 2010년 초반에 지어진 아파트 단지가 많은 청라에서 가장 신축 중 하나다. 인천 서구의 입주 물량도 2024년부터는 꽤 줄어들기 때문에 본격적인 상승은 내년에 가능하지 않을까 예상해본다.

2. 가현역

10년 전에 청라 입구에 있는 가정 지구를 가본 분들은 현재 가정역 인근을 보면 천지개벽한 모습에 깜짝 놀랄 것이다. **'루원시티'라고 불리는 이 지역은 지금 신축 아파트들이 대거 들어서고, 인천 서구의 주거 지역의 한 축을 담당**하고 있다.

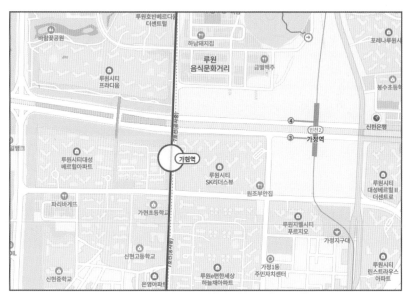

자료 9-29. 7호선 가현역 (출처 : 호갱노노)

이곳에 7호선 역인 가현역이 생긴다. 7호선 가현역이 인천 2호선인 가정역과 환승 연결이 안 되는 점은 아쉽지만, 앞으로 이 지역 주민들은 인천 2호선보다 7호선을 더 많이 탑승하게 될 것이다.

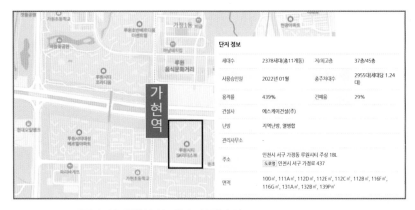

단지 정보			
세대수	2378세대(총11개동)	저/최고층	37층/45층
사용승인일	2022년 01월	총주차대수	2955대(세대당 1.24대)
용적률	439%	건폐율	29%
건설사	에스케이건설(주)		
난방	지역난방, 열병합		
관리사무소			
주소	인천시 서구 가정동 루원시티 주상 1BL 도로명 인천시 서구 가정로 437		
면적	100㎡, 111A㎡, 112D㎡, 112E㎡, 112C㎡, 112B㎡, 116F㎡, 116G㎡, 131A㎡, 132B㎡, 139P㎡		

자료 9-30. 루원시티SK리더스뷰 단지 정보 (출처 : 네이버 부동산)

이곳의 대표 아파트는 루원시티SK리더스뷰다. 2022년에 지어진 가장 신축이기도 하고, 브랜드 네임이 가장 앞서는 아파트 단지이기도 하다. 주상복합인 점이 다소 아쉽지만, 초역세권이라는 장점을 가질 곳이기 때문에 역이 생기면 당연히 시세를 리딩할 것으로 예상된다. 무엇보다 오른편으로 인천 2호선인 가정역도 가까워서 더블 역세권에 가까운 혜택을 누릴 것이다.

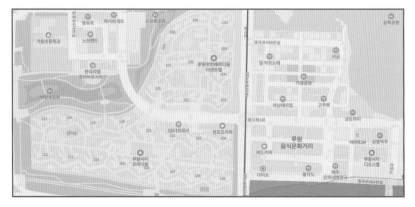

자료 9-31. 가현역 북쪽 단지들 (출처 : 네이버 부동산)

이 외에 가장 주목하는 아파트 단지는 가현역 북쪽에 위치한 아파트 단지들이 있다. 이곳은 초등학교를 큰 도로를 건너지 않고 갈 수 있다는 장점과 SK리더스뷰가 가지지 못한 공원 뷰가 있다는 장점이 있다

3. 탑석역

의정부는 그동안 1호선만 지나가면서 동쪽보다는 서쪽이 상권이 발달했는데, 주요 아파트 단지들도 대부분 서쪽을 중심으로 움직였다. 하지만, 앞으로 7호선 연장이 되어서 탑석역이 생긴다면 의정부 부동산 흐름의 중심지가 바뀔 수도 있다. 1호선과 7호선은 탑승자들 선호도가 다른 노선이고, 강남까지 접근성이 훨씬 좋기 때문이다.

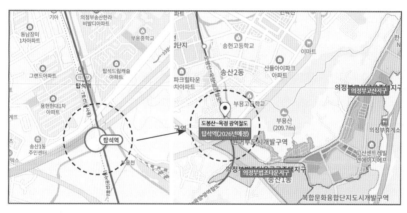

자료 9-32. 7호선 탑석역 (출처 : 네이버 부동산)

탑석역은 현재 7호선의 종점인 장암역의 다음 정차역으로 북쪽으로는 구도심이, 남동쪽으로는 의정부 법조타운 지구가 생길 예정이다. 앞으로 고산 지구와 함께 택지 지역으로 개발이 기대되는 곳이다.

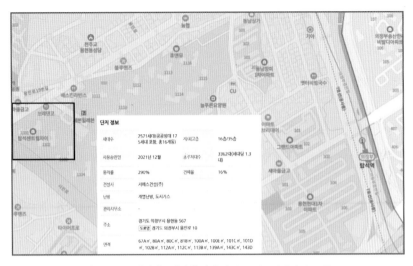

자료 9-33. 탑석센트럴자이 단지 정보 (출처 : 네이버 부동산)

아직은 구축이 많은 의정부 용현동의 시세를 리딩하는 역세권 아파트 단지는 단연 탑석센트럴자이다. 구축들만 가득한 이곳에 2021년 준공된 유일한 신축 아파트라고 할 수 있는데, 세대수도 2,500여 세대로 가장 큰 규모의 단지다. 탑석센트럴자이는 한때 전용 84㎡ 기준으로 10억 원을 넘보던 곳이다. 의정부라는 지리적 위치 때문에 아직은 시세 흐름이 다소 부진하지만, 앞으로 7호선 역 개통이 되면 추후 시세를 리딩할 단지임에는 틀림없다.

월곳-판교선

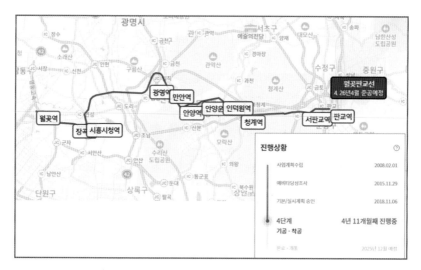

자료 9-34. 월곳-판교선 진행 상황 (출처 : 아실, 리치고)

월곳-판교선은 11개의 역을 지나갈 예정이고, 경기도 성남-의왕-안양-광명-시흥, 이렇게 5개의 지역을 통과하는 대규모 노선이다. 주요 일자리가 있는 곳은 당연히 판교역 인근이 될 예정이고, 안양에도 꽤 많은 일자리가 있기 때문에 이 지역들로 출퇴근을 하는 많은 분들에게 보다 많은 주거지 옵션이 생길 것 같다. 특히, **이 노선의 지하철 평균 속도는 다른 노선들의 거의 2배 정도 빠르고, 급행은 5배 이상 빠르다.**

사실 우리가 월곶-판교선이라고 부르지만, 이 노선은 강원도에서부터 이어지는 경강선의 연장 노선이다. 완성이 된다면 강릉-원주-여주-성남 등으로 연결되는 가로 횡단 노선이 될 예정이다. 워낙 규모가 큰 사업이고, 여러 지자체의 이해관계가 얽혀 있다 보니 월곶-판교선의 일부 구간 공사 발주가 늦어지면서 당초 목표인 2025년 개통은 어려워졌지만, 2028년 완공을 목표로 열심히 달리고 있다

1. 장곡역

시흥시 장곡동의 장현공공택지 지역이 있는 장곡역 주변은 가장 큰 수혜를 받을 수 있는 지역이다.

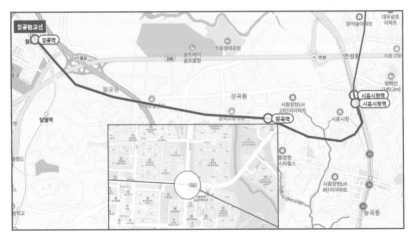

자료 9-35. 월곶-판교선 장곡역 (출처 : 호갱노노)

월곶-판교선이라는 신규 지하철 노선의 수혜뿐 아니라, 바로 이전 역인 시흥 시청역을 통해서 서해선 환승이 가능하고, 종점인 월곶역을 통해서 수인선 환승이 가능해지기 때문이다.

자료 9-36. 장곡역을 기준으로 한 구축 아파트 단지(좌)와 신축 아파트 단지(우) (출처 : 아실)

장곡역의 경우, 역을 기준으로 왼쪽에는 2000년 초반에 지어진 구축 아파트 단지들로 구성되어 있고, 오른쪽은 장현 택지 지역으로 최근에 지어진 신축 아파트들이 위치하고 있다. 그렇기 때문에 동네 분위기는 역을 기준으로 왼쪽과 오른쪽이 완전히 다르다. 장현 택지 지역이 동네 자체가 깔끔하고 도로는 잘 정비되어 있지만, 구축 아파트 단지들이 있는 쪽이 아무래도 상권이나 학원가들이 잘 발달되어 있다.

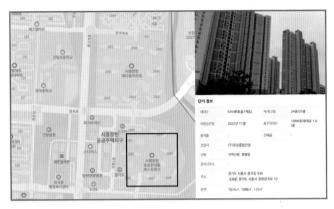

자료 9-37. 유승한내들퍼스트파크 단지 정보 (출처 : 네이버 부동산)

이곳에서 가장 주목하는 아파트 단지는 바로 유승한내들퍼스트파크다. 2022년에 준공된 신축 아파트로 670세대의 중소규모 아파트 단지이지만, 초역세권이고 큰 상권을 끼고 있는 단지다.

2. 안양운동장역

다음으로 주목하는 지하철 신설역은 바로 안양시 동안구에 위치한 안양운동장역이다.

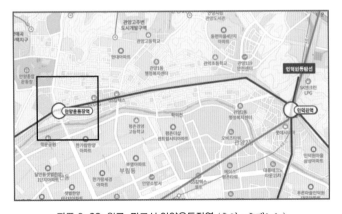

자료 9-38. 월곶-판교선 안양운동장역 (출처 : 호갱노노)

안양운동장역의 신설로 많은 지하철 노선이 지나가는 인덕원역을 한 정거장 만에 도착하게 되면서 사방팔방으로 나아갈 수 있는 길이 열리게 됐다.

자료 9-39. 안양운동장역 주변 평촌 1기 신도시와 빌라촌 및 재건축 단지 (출처 : 네이버 부동산)

안양운동장역의 경우, 남쪽에는 평촌 1기 신도시가 자리잡고 있고, 북쪽으로는 빌라촌 및 재건축을 진행하는 구축 단지들이 자리 잡고 있다. 아무래도 동네 분위기가 가운데에 흐르는 학의천을 기준으로 다를 수밖에 없다.

가장 주목하는 아파트 단지는 앞으로 역세권 아파트가 될 한가람한 양아파트다. 1995년에 지어진 구축 아파트 단지이지만, 10평대의 소형 평수뿐 아니라 23평, 31평의 중소형 평수도 같이 구성되어 있고, 길을 건너지 않고 초등학교와 중학교를 갈 수 있다는 장점이 있다.

특히, 부림중학교는 평촌 남쪽 지역만큼은 아니지만, 학업 성취도 평가 점수가 훌륭한 학교로 평촌 북쪽에서는 진학을 선호하는 학교다.

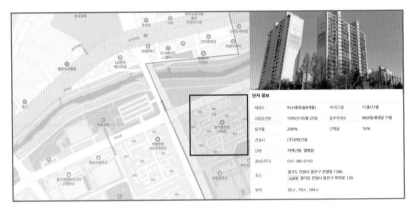

자료 9-40. 한가람한양 아파트 단지 정보 (출처 : 네이버 부동산)

자료 9-41. 안양종합운동장 인근의 정비사업 (출처 : 아실)

앞의 자료 9-41을 보면, 참고로 안양운동장역 북쪽으로는 안양운동장을 둘러싸고 많은 재개발, 재건축이 진행 중인데, 이곳에 생기는 신축 아파트 단지들은 안양의 신축에 대한 갈증을 해소시켜 줄 수 있는 아파트 단지들이 될 것이다.

물론, 평촌과 비교하면 학군 및 학원가에 따른 입지 차이가 워낙 크지만, 신축 단지들이 주는 장점 역시 무시하지 못할 것이다. 특히, 뉴타운맨션 삼호의 재건축으로 준공 예정인 자이더퍼스니티 아파트 단지는 역세권 아파트 단지가 되면서 시세를 리딩할 것으로 보인다.

PART

10

2024년 이후
주택 입주 물량 전망

착공 및
인허가 물량 확인

　부동산은 모든 경제와 마찬가지로 기본적인 공급-수요의 수급 상황에 따라서 가격 변동이 발생한다. 그렇기 때문에 입주 물량을 미리 파악하는 것은 부동산 시장 대전망을 위한 필수 요소이고, 추후 입주 물량이 적은 곳을 매수하는 것은 투자의 기본 원칙이다.

　주택 입주 물량이 나오는 4개의 단계는 '사업 계획 수립(택지 또는 재정비) - 사업 계획 인허가 - 주택 착공 - 주택 준공'으로 구성이 되는데, 이 중 인허가 단계와 착공 단계의 물량 파악을 하면 현실적인 미래 입주 물량 숫자를 확인할 수 있다. 일반적으로 인허가 단계와 착공 이후, 일반적으로 2~4년 이내로 실제 입주 물량으로 반영되기 때문이다.

　여기서는 2023년 인허가 및 착공 물량을 지역별로 살펴보면서 물량 변동 상황을 예측하고 투자 접근이 수월한 지역을 찾아보려고 한다. 참고로, 해당 물량은 1인 가구를 위한 전용 40㎡ 초소형 평수는 제외한 숫자다.

수도권
착공 및 인허가 물량

앞선 글에서도 말했지만 서울, 경기, 인천의 물량은 같이 봐야 한다..
수도권의 현재 착공 물량은 자료 10-1과 같다.

착공	수도권			
	서울	인천	경기	합
2012	40,684	11,455	90,634	142,773
2013	49,020	10,973	90,193	150,186
2014	48,225	10,401	118,586	177,212
2015	79,064	27,952	231,772	338,788
2016	64,796	13,969	213,870	292,635
2017	65,772	12,987	150,833	229,592
2018	56,010	29,184	127,054	212,248
2019	57,477	43,146	129,302	229,925
2020	48,126	36,764	151,407	236,297
2021	43,736	31,459	165,260	240,455
2022	43,387	21,232	92,576	157,195
2023	15,461	12,827	68,577	96,865
AVG.	52,205	23,992	144,924	221,121
3 yr AVG.	34,195	21,839	108,804	164,838
공급	65.5%	91.0%	75.1%	74.5%

서울 착공

90.K
80.K — 79.1K
70.K
60.K — 64.8K 65.8K
50.K — 49.K 48.2K — 56.K 57.5K
40.7K — 48.1K 43.7K 43.4K
40.K
30.K
20.K — 15.5K
10.K
.K
2012 2013 2014 2015 2016 2017 2018 2019 2020 2021 2022 2023

경기 착공

250.K — 231.8K
213.9K
200.K
165.3K
150.K — 118.6K 150.8K 151.4K
127.1K 129.3K — 92.6K
100.K — 90.6K 90.2K — 68.6K
50.K
.K
2012 2013 2014 2015 2016 2017 2018 2019 2020 2021 2022 2023

자료 10-1. 수도권 착공 물량 (출처 : 필자 작성)

2022년에도 착공 물량이 크게 줄었는데, 2023년 착공 물량은 숫자가
잡히는 2012년 이후 최저 착공 숫자다. 일반적으로 착공을 하고 3년 정
도 시간이 소요된다는 것을 고려하면, 2021년 하반기부터 물량이 줄기
시작했으므로 2024년 하반기부터 이 영향이 나타날 것으로 보인다.

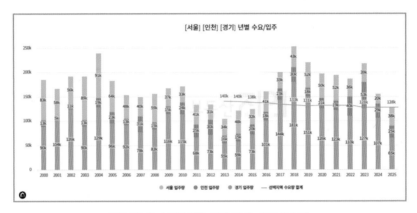

자료 10-2. 수도권 입주 물량 (출처 : 부동산지인)

프롭테크 사이트를 통해서 입주 물량을 봐도 2024년부터는 물량 감
소가 상당히 발생한다는 것을 확인할 수 있다(해당 물량은 2024년 3월 프롭테크
사이트 반영 기준). 수도권 공급의 가장 큰 축인 신도시 건설이 늦어진다는
점이 가장 큰 문제인데 3기 신도시의 경우, 상당수 택지들이 토지 가용
시기를 2027년부터로 잡고 있기 때문에 **2030년이나 되어야 유의미한
입주 물량이 나올 수 있는 상황이다.**

또한, 택지가 없는 상황에서 공급은 구도심 정비 사업, 재개발이나 재
건축으로만 진행이 가능한데, 최근과 같이 부동산 경기 상황과 자재비
가 오르는 상황을 고려하면 개발 진행이 쉽지 않고, 멸실 물량이 생기면

서 순증가 물량은 더 줄어든다는 상황은 물량의 불균형을 더 심화시키고 있다.

그렇다면, 착공 대기 물량이라고 할 수 있는 인허가 물량 상황은 어떠할까?

인허가	수도권			
	서울	인천	경기	합
2014	54,640	11,972	139,834	206,446
2015	83,022	26,741	251,074	360,837
2016	56,898	20,624	216,346	293,868
2017	86,740	19,699	160,743	267,182
2018	45,111	34,674	142,658	222,443
2019	40,887	41,313	145,781	227,981
2020	38,157	26,502	148,198	212,857
2021	51,495	19,523	163,405	234,423
2022	32,257	17,897	123,655	173,809
2023	20,352	21,613	118,297	160,262
AVG.	50,956	24,056	160,999	236,011
3 yr AVG.	34,701	19,678	135,119	189,498
공급	68.1%	81.8%	83.9%	80.3%

서울 인허가
54.6K 83.K 56.9K 86.7K 45.1K 40.9K 38.2K 51.5K 32.3K 20.4K
2014 2015 2016 2017 2018 2019 2020 2021 2022 2023

경기 인허가
139.8K 251.1K 216.3K 160.7K 142.7K 145.8K 148.2K 163.4K 123.7K 118.3K
2014 2015 2016 2017 2018 2019 2020 2021 2022 2023

자료 10-3. 수도권 인허가 물량 (출처 : 필자 작성)

인허가 상황 역시 2022년과 2023년이 최저 수치다. 2015~2016년 평균 30만이 넘던 인허가 물량은 현재는 거의 절반 수준으로 떨어진 상황이다. 앞으로 인구 이동이 수도권으로 더 집중되고 있고, 고령층 인구 세대 수가 수도권에서 더 크게 증가하고 있는 상황을 고려하면 물량 부족은 큰 문제다.

부울경
착공 및 인허가 물량

    부산, 울산, 경남의 부동산 시장 흐름이 꼭 같이 움직인다고 할 수 없다. 하지만, 우리나라 제2의 대도시인 부산을 필두로 울산, 경남 부동산 시장은 수도권 다음으로 크게 가격이 움직이는 지역이라고 할 수 있다.

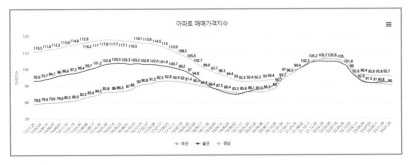

자료 10-4. **부울경 매매가격 지수** (출처 : 한국부동산원)

    자료 10-4와 같이 부산, 울산, 경남은 서로 어느 정도 물량을 주고받으면서 비슷한 시세 흐름으로 움직이고 있다. 물론, 울산과 부산의 직접적인 연관성은 떨어지고, 경남은 지역별로 부산과의 연계성도 떨어지기 때문에 지역 개별적인 분석이 필요하다. 예를 들면, 부산과 김해는 생활권역이 일부 겹치면서 직접적인 물량 연관성이 있지만, 부산과 진주는 생활권역이 전혀 겹치지 않는다. 하지만, 편의상 부울경 지역을 부산권으로 묶어서 숫자를 보며 설명하겠다.

먼저, 부울경 지역의 착공 물량이다.

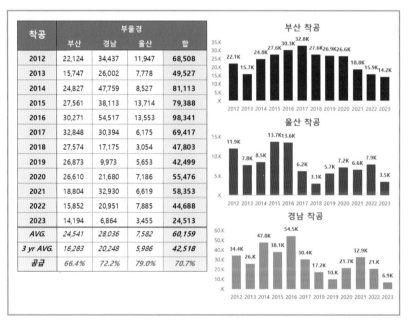

착공	부울경			
	부산	경남	울산	합
2012	22,124	34,437	11,947	68,508
2013	15,747	26,002	7,778	49,527
2014	24,827	47,759	8,527	81,113
2015	27,561	38,113	13,714	79,388
2016	30,271	54,517	13,553	98,341
2017	32,848	30,394	6,175	69,417
2018	27,574	17,175	3,054	47,803
2019	26,873	9,973	5,653	42,499
2020	26,610	21,680	7,186	55,476
2021	18,804	32,930	6,619	58,353
2022	15,852	20,951	7,885	44,688
2023	14,194	6,864	3,455	24,513
AVG.	24,541	28,036	7,582	60,159
3 yr AVG.	16,283	20,248	5,986	42,518
공급	66.4%	72.2%	79.0%	70.7%

자료 10-5. 부울경 착공 물량 (출처 : 필자 작성)

2023년 착공 물량 숫자는 24,000 수준으로 역시 역대 최소 착공 물량 숫자를 기록했다. 2022년에도 울산이 다소 높긴 했지만, 전반적으로 착공 물량 숫자가 상당히 낮았으니 수도권과 비슷하게 2년 넘게 물량이 크게 감소할 수 있는 상황으로 보인다. 특히, 과거 대비 경남의 입주 물량이 큰 폭으로 감소할 것으로 예상이 된다.

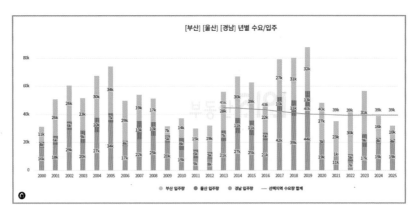

자료 10-6. 부울경 입주 물량 (출처 : 부동산지인)

다음 자료 10-7의 착공 물량 표에서 2014~2017년까지 부산권역 물량이 평균 8만에 육박하면서 상당히 많았다는 것을 알 수 있는데, 실제 해당 물량들은 2~3년 뒤인 2017년부터 2019년까지의 물량에 영향을 미쳤다는 것을 프롭테크 사이트를 통해서 확인이 가능하다.

다만, 특이한 점은 인허가다. 지난 3년간 평균 인허가 숫자를 보면, 착공 숫자 대비 숫자가 상당히 높다. 울산은 인허가가 착공으로 연결되지 않은 상당한 물량이 있는 것으로 보이며, 부산과 경남 역시 인허가는 숫자가 적지 않다. 즉, 시장 상황에 따라 분양할 수 있는 대기 물량은 꽤 있다는 뜻이다.

결론적으로 보면, 당장 매수를 한다면 부산보다는 울산이 조금 더 나아 보이지만, 3년 뒤 이후의 시장을 본다면 부산, 경남 매수가 더 나아

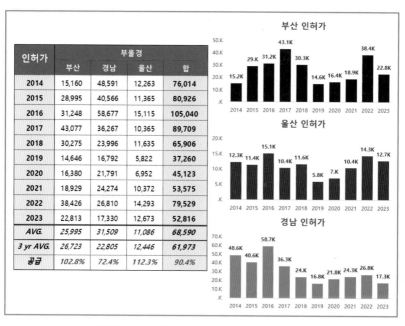

인허가	부울경			
	부산	경남	울산	합
2014	15,160	48,591	12,263	76,014
2015	28,995	40,566	11,365	80,926
2016	31,248	58,677	15,115	105,040
2017	43,077	36,267	10,365	89,709
2018	30,275	23,996	11,635	65,906
2019	14,646	16,792	5,822	37,260
2020	16,380	21,791	6,952	45,123
2021	18,929	24,274	10,372	53,575
2022	38,426	26,810	14,293	79,529
2023	22,813	17,330	12,673	52,816
AVG.	25,995	31,509	11,086	68,590
3 yr AVG.	26,723	22,805	12,446	61,973
공급	102.8%	72.4%	112.3%	90.4%

자료 10-7. 부울경 인허가 물량 (출처 : 필자 작성)

보인다. 특히, 부산의 입주 물량의 항상 버팀목이었던 양산과 김해 입주 물량이 2025년 하반기부터 급격히 감소하면, 주택 가격 상승으로 이어질 가능성이 높아 보인다.

대전, 세종
착공 및 인허가 물량

대전과 세종의 물량을 같이 살펴보겠다.

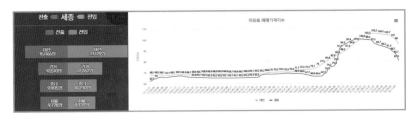

자료 10-8. 대전, 세종 인구유입과 매매가격 지수 (출처 : 부동산지인, 한국부동산원)

두 도시를 같이 보는 이유는 인구 이동과 매매지수 움직임의 연계성 때문이다. 대전의 매매가격 지수가 세종이 대규모 입주를 시작한 2012년 이후부터 자체 물량의 증가, 감소와 관계없이 계속 보합세였다가 입주 물량이 감소하기 시작한 2019년부터 가격이 크게 상승했다는 것을 통해서 두 도시의 연결을 무시할 수 없다고 생각한다. 실제로 어린 자녀를 키우기는 세종이 좋고, 다양한 인프라가 필요한 1인 가구나 전통 학군이 필요한 가구는 대전이 좋아 근무지와 관계없이 해당 지역으로 이사를 가는 경우를 종종 볼 수 있다.

대전과 세종은 여전히 인구가 꾸준히 유입되는 지역권이다. 행정의
중심지로 세종을 정부에서 지원하는 이상 대전에도 많은 연구단지나
산업단지가 조성될 수밖에 없는 상황인 만큼 부동산 투자자라면 꾸준
히 관심을 가져야 한다.

착공	대전세종		
	대전	세종	합
2012	5,025	22,845	27,870
2013	6,386	15,615	22,001
2014	6,119	14,729	20,848
2015	9,714	13,662	23,376
2016	7,633	11,699	19,332
2017	8,534	4,942	13,476
2018	7,189	6,019	13,208
2019	10,973	1,737	12,710
2020	9,389	2,615	12,004
2021	19,741	7,243	26,984
2022	8,736	1,429	10,165
2023	3,758	142	3,900
AVG.	9,179	6,422	15,600
3 yr AVG.	10,745	2,938	13,683
공급	117.1%	45.8%	87.7%

자료 10-9. 대전, 세종 착공 물량 (출처 : 필자 작성)

그렇다면, 두 지역의 착공 물량부터 살펴보겠다. 대전과 세종의 2023
년 착공 물량은 역사적으로 본 적 없는 최저 수준이다. 2021년 착공 물
량이 많았기 때문에 해당 물량이 2024년에 이어지고 있지만, 2025년
하반기부터는 급격한 물량 감소가 예상된다. 다만, 이 기간이 1년 정도

는 더 유지되어야 주택 가격이 오를 수 있을 것으로 보인다.

인허가	대전세종		
	대전	세종	합
2014	4,659	12,000	16,659
2015	7,600	12,984	20,584
2016	11,663	12,272	23,935
2017	9,214	8,899	18,113
2018	6,064	1,432	7,496
2019	16,926	5,169	22,095
2020	14,727	3,411	18,138
2021	12,717	2,917	15,634
2022	17,607	2,840	20,447
2023	11,674	1,073	12,747
AVG.	11,285	6,300	17,585
3 yr AVG.	13,999	2,277	16,276
공급	124.1%	36.1%	92.6%

자료 10-10. 대전, 세종 인허가 물량 (출처 : 필자 작성)

대전과 세종의 인허가 물량을 보면, 대전의 인허가 물량이 여전히 낮지 않은 숫자다. 세종의 경우 인허가가 확실히 줄기는 했지만, 5생활권과 6생활권의 택지 자리가 언제든 분양을 할 수 있는 상황이어서 주의가 필요해 보인다.

결론적으로 대전, 세종의 입주 물량 역시 2년 뒤부터는 크게 감소할 것으로 보인다. 하지만, 다른 지역들과 대비해 대전, 세종의 매수의 추천은 그리 크지 않다. 다만, 세종은 앞으로 몇 년간 입주 물량이 적은 상태이고, 세종에 가장 큰 영향을 주는 대전의 유성구 물량도 적은 상태이기 때문에 조금 더 매수가 유망하다고 할 수 있을 것 같다.

대구, 경북
착공 및 인허가 물량

　앞으로 말하는 지역들은 도시 간의 인접 관계가 거의 없다고 보면 된다. 다만, 지리적으로 비슷한 곳에 위치한 지역들을 편의를 위해 같이 두었으니 그 점을 참고해서 보면 좋겠다.

　먼저, 대구와 경북이다. 대구는 최근 몇 년간 전국에서 입주 물량이 가장 과공급인 도시다. 경북은 도시별로 차이가 있지만, 2021~2022년 대규모 분양으로 2023년부터 2025년까지 과공급이 발생하는 지역이다. 특히, 경북에서 가장 큰 도시라고 할 수 있는 포항과 구미에 입주 물량들이 몰려 있다.

　이들의 착공과 인허가 숫자를 함께 살펴보겠다.

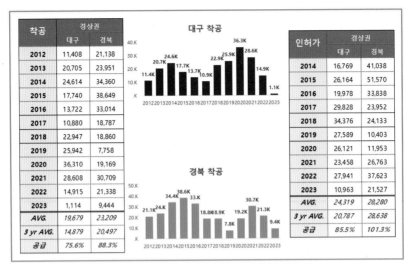

자료 10-11. 대구, 경북 착공 및 인허가 물량 (출처 : 필자 작성)

다른 지역들과 마찬가지로 대구와 경북도 2023년 착공 및 인허가 물량이 크게 감소했다. 대구는 2018~2021년까지 역대급 착공 물량이 있었고, 인허가는 이보다 빠른 1년 전부터 물량이 나오고 과물량이 작년까지 이어졌는데, 2023년 초 신규 아파트 공급 전면 중단이라는 카드를 내밀면서 대구는 일단 한시름 덜어내는 모습이다. 하지만, 개인적인 생각에는 지자체에서 억지로 막은 공급 중단이고, 2022년까지 인허가가 적지 않았기 때문에 2023년 1년의 물량 감소로는 주택 가격의 지속적인 상승을 판단하기 이르다는 생각이다.

경북은 전반적으로 2014~2016년 대비해서 착공 물량이 크게 감소했지만, 경북의 인구가 빠른 속도로 감소하고 있다는 사실을 간과해서는 안 된다. 현재 인구 감소를 고려하면 2020~2022년의 2만이 넘는 착공 물량은 부담이 될 수 있다. 특히, 인허가 물량 숫자도 적지 않은 상황인지라 주택 가격 상승으로 이어지기는 쉽지 않은 상황이다. 특히, 포항 같은 도시는 당장 입주 물량도 적지 않은 상태에서 추가 택지 물량이나 정비구역 물량들이 대기 중인 상태라서 생각보다 보합 기간이 길어질 수 있는 상황이다.

대구와 경북 물량의 상호 관계는 강하지 않지만, 지리적으로 가깝고 지하철로도 연결이 되는 경산시의 입주 물량만큼은 대구에도 영향을 줄 수 있다.

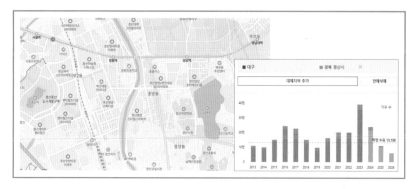

자료 10-12. 경산 신도시 (출처 : 아실)

자료 10-12와 같이 경산 도시 개발 구역은 대구 2호선의 영향권이다. 다행인 점은 경산 역시 입주 물량이 상당히 감소한다는 것인데, 2025년부터는 대구와 경산 입주 물량이 모두 눈에 띄게 줄어드는 만큼 추가 물량 감소 가능성은 인허가와 착공 물량을 통해서 지속 확인이 필요해 보인다.

충북, 충남
착공 및 인허가 물량

    지난 몇 년간 충북의 입주 물량이 많은 대표적인 도시는 청주, 충주, 음성 등이 있고, 충남에는 천안, 아산, 당진, 서산, 홍성 등이 있다. **정부의 개발 사업과 맞물려서 물량이 공급되고 있기 때문에 택지 지역이 많다는 점이 큰 특징이고, 수도권과 인접한 몇몇 지역**(천안 및 아산)**은 철도 연결에 따라 수도권 주택 가격과 연계성을 보이기도 한다.**

    이들의 착공과 인허가 숫자를 함께 살펴보겠다.

    충북과 충남 모두 2023년 착공 물량이 감소했다. 하지만, 2023년 청주나 아산 등의 도시에서 낮지 않은 경쟁률로 분양이 성공한 사례가 있었고, 전반적으로 상승 시기가 늦었던 중소 도시들의 미뤄 놓은 분양 물량이 추가적으로 나오면서 **착공 물량 감소 폭이 다른 도시들에 비해서 비교적 약하다고 할 수 있다.** 실제로 충북에서는 2023년 청주뿐 아니라 음성에서 상당한 물량이 착공을 시작했고, 충남 역시 천안 및 아산이 중심부 택지가 아닌 외곽 위주까지 착공 물량이 증가했다.

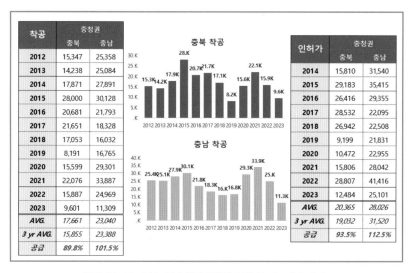

착공	충청권	
	충북	충남
2012	15,347	25,358
2013	14,238	25,084
2014	17,871	27,891
2015	28,000	30,128
2016	20,681	21,793
2017	21,651	18,328
2018	17,053	16,032
2019	8,191	16,765
2020	15,599	29,301
2021	22,076	33,887
2022	15,887	24,969
2023	9,601	11,309
AVG.	17,661	23,040
3 yr AVG.	15,855	23,388
공급	89.8%	101.5%

인허가	충청권	
	충북	충남
2014	15,810	31,540
2015	29,183	35,415
2016	26,416	29,355
2017	28,532	22,095
2018	26,942	22,508
2019	9,199	21,831
2020	10,472	22,955
2021	15,806	28,042
2022	28,807	41,416
2023	12,484	25,101
AVG.	20,365	28,026
3 yr AVG.	19,032	31,520
공급	93.5%	112.5%

자료 10-13. 충북, 충남 착공 인허가 물량 (출처 : 필자 작성)

인허가 역시 비슷한 상황으로 지난 1년간 감소하기는 했지만, 다른 지역들 대비 감소 폭이 적다. 입주 물량이 큰 폭으로 감소하지 않는다는 것은 좋지 않은 소식이지만, 그만큼 정부의 개발 사업과 수요도 꾸준히 있다는 의미이기도 하다.

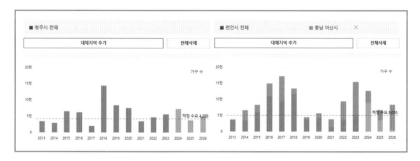

자료 10-14. 청주, 천안, 아산 입주 물량 (출처 : 아실)

앞의 자료 10-14의 입주 물량을 보면 알겠지만, **청주와 천안, 아산과** **같은 대규모 도시는 물량이 2027년까지 꾸준히 있는 상황**이다. 이 정도 입주 물량이 있는 상황이라면 가격이 상승으로 추세를 바꾸더라도 가격의 강보합 정도만 기대해볼 수 있는 상황이다.

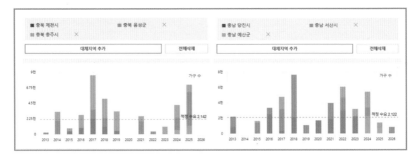

자료 10-15. 충청도 중소형 도시 입주 물량 (출처 : 아실)

반면, 상당수의 중소 도시들은 2025년을 마지막 물량으로 어느 정도 **정리가 되는 상황**이니 오히려 그동안 입주 물량으로 인해서 가격이 오르지 못한 중소 도시들은 전세가격이 오르면서 매매가격 상승으로 이어지지 않을까 기대를 해본다.

광주, 전북
착공 및 인허가 물량

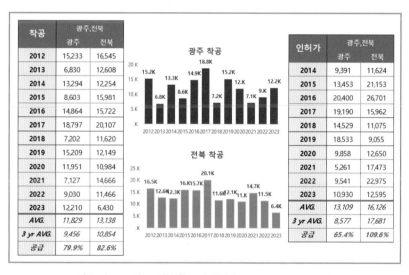

착공	광주,전북	
	광주	전북
2012	15,233	16,545
2013	6,830	12,608
2014	13,294	12,254
2015	8,603	15,981
2016	14,864	15,722
2017	18,797	20,107
2018	7,202	11,620
2019	15,209	12,149
2020	11,951	10,984
2021	7,127	14,666
2022	9,030	11,466
2023	12,210	6,430
AVG.	11,829	13,138
3 yr AVG.	9,456	10,854
공급	79.9%	82.6%

인허가	광주,전북	
	광주	전북
2014	9,391	11,624
2015	13,453	21,153
2016	20,400	26,701
2017	19,190	15,962
2018	14,529	11,075
2019	18,533	9,055
2020	9,858	12,650
2021	5,261	17,473
2022	9,541	22,975
2023	10,930	12,595
AVG.	13,109	16,126
3 yr AVG.	8,577	17,681
공급	65.4%	109.6%

자료 10-16. 광주, 전북 착공 및 인허가 물량 (출처 : 필자 작성)

광주광역시는 광역시들 중에서 상승 폭도 가장 작고, 하락 폭도 가장
작은 도시다. 그만큼 시장이 투자자들보다는 실수요자들 위주로 돌아
가는 도시인데, 이에 따라 다른 광역시들보다 공급 물량의 급격한 변동

이 적다. 반면, 전북은 전주, 익산, 군산, 딱 이 3개의 도시 위주로 부동산 시장이 돌아간다. 이를 고려한 인허가와 착공 물량을 보면 된다.

광주는 2021년부터 착공 물량이 감소하기 시작했지만 급격한 변동은 없다. 오히려 2023년은 착공 물량이 증가했는데, 이는 상대적으로 다른 지역보다 주택 가격 하락율이 낮았기 때문이다. 인허가 물량을 보면 착공 물량 대비 상대적으로 매우 적다는 것을 알 수 있다. **지난 3년간의 인허가 물량이 착공 물량보다 적은 거의 유일한 도시인데, 그만큼 대기 물량은 적다고 할 수 있다.** 투자자로서는 안전하게 투자할 수 있는 포인트다.

반면, 전북은 착공 물량 및 인허가 물량이 모두 2023년에 크게 감소했다. 다만, 2022년까지 착공 및 인허가 물량이 적지 않은 숫자다. 인허가 물량 역시 2023년 감소 물량 크기가 타 지역 대비 상대적으로 작다.

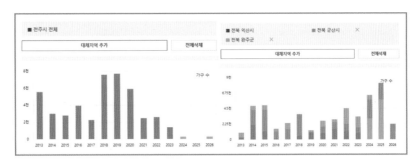

자료 10-17. 전북 도시별 입주 물량 (출처 : 아실)

전반적인 입주 물량을 살펴보면 지금 접근해야 하는 도시와 그렇지 않은 도시가 구분된다. 전주는 입주 물량이 크게 감소해서 2024년부터 거의 제로인 상황이다(서신 더샵 비발디 입주 물량은 아직 미반영 상태). 반면, 중소 도시인 익산과 군산은 입주 물량이 상당히 많아서 2025년까지는 고전을 할 것으로 보이고, 그 여파가 2026년까지는 지속될 것으로 예상된다.

기타 지역
착공 및 인허가 물량

전남, 강원, 제주의 착공 및 인허가 물량을 마지막으로 살펴보려고 한다.

전남은 인구가 상대적으로 다른 지역들보다 크지는 않지만, 여순광으로 대표되는 여수, 순천, 광양이라는 큰 도시들이 있고, 남악과 오룡 지구를 연결하는 목포, 무안의 입주 물량을 묶어서 봐야 한다.

강원은 수도권 투자자들이 유동성으로 넘어가는 지역으로 인구가 꾸준히 유입되고 있는 원주와 춘천을 중심으로 부동산 시장을 접근해야 한다. 특히, GTX 등 철도 라인이 강원까지 연결되면서 더욱 중요한 입지가 되고 있다.

전남의 경우 착공 물량이 2022년부터 감소했지만, 택지 물량이 여전히 인허가를 받으면서 상당한 대기 물량이 여전히 있는 것으로 보인다.

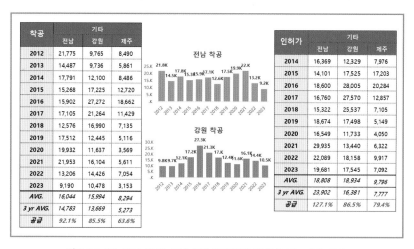

착공	기타		
	전남	강원	제주
2012	21,775	9,765	8,490
2013	14,487	9,736	5,861
2014	17,791	12,100	8,486
2015	15,268	17,225	12,720
2016	15,902	27,272	18,662
2017	17,105	21,264	11,429
2018	12,576	16,990	7,135
2019	17,512	12,445	5,116
2020	19,932	11,637	3,569
2021	21,953	16,104	5,611
2022	13,206	14,426	7,054
2023	9,190	10,478	3,153
AVG.	16,044	15,994	8,294
3 yr AVG.	14,783	13,669	5,273
공급	92.1%	85.5%	63.6%

인허가	기타		
	전남	강원	제주
2014	16,369	12,329	7,976
2015	14,101	17,525	17,203
2016	18,600	28,005	20,284
2017	16,760	27,570	12,857
2018	15,322	25,537	7,105
2019	18,674	17,498	5,149
2020	16,549	11,733	4,050
2021	29,935	13,440	6,322
2022	22,089	18,158	9,917
2023	19,681	17,545	7,092
AVG.	18,808	18,934	9,796
3 yr AVG.	23,902	16,381	7,777
공급	127.1%	86.5%	79.4%

자료 10-18. 전남, 강원, 제주 착공 및 인허가 물량 (출처 : 필자 작성)

일단 1차적으로 2021년까지 물량이 마무리되면 2024년 이후부터는 다소 안정적인 흐름을 이어갈 것으로 보인다. 전남에서는 순천과 여수의 물량 감소가 보다 눈에 띄는 상황이다.

강원은 착공 물량이 2022년까지 원주와 강릉을 중심으로 여전히 강했는데, 2023년 상반기에도 그 흐름이 이어지면서 적지 않은 착공 물량이 있다. 2025년까지는 꽤 많은 물량이 이어진다고 봐야 한다. 반면, 춘천과 같은 도시는 택지 물량도 없고, 입주 물량도 적어서 꽤 안정적인 부동산 시장 흐름을 보일 가능성이 있다.

전남과 강원에 있는 도시들은 다른 지역들 대비 인구수가 적어서 사이클이 상대적으로 짧다고 할 수 있다. 그만큼 순간적인 입주 물량 상황에 따라 주택 가격 상승과 하락이 빠르게 변할 수 있으니 이 점을 유의해야 한다.

제주는 과거 대비 확실히 착공과 인허가 물량이 줄어들었다. 다만, 제주는 타 지역과 달리 아파트 입주 물량이 줄어도 인구 추가 유입 가능성 및 일반 주택(타운하우스)의 공급 여부에 따라 추가 상승 여력을 확인해야 한다. 일반적인 주택 공급 및 수요의 방법으로 제주의 주택 가격 상승 요인을 확인하기에는 세컨하우스 붐이나 외국인 방문 등 다양한 요인들이 있으니 해당 물량 데이터는 참고만 했으면 좋겠다.

착공 및 인허가 물량을 통한
장기적 투자 선호 지역

전반적으로 2023년은 인허가와 착공이 모두 급감한 한 해다. 2024년 상반기도 여러 가지 외부 요인과 부동산 경기 악화로 인해 주택 착공이 쉽지 않은 상황이기 때문에 입주 물량 공백 기간이 꽤 길게 나타날 수 있는 상황으로 보인다.

미래 입주 물량을 고려해 가장 투자하기 좋은 지역이 어디인지 물어보면 1순위는 수도권 지역이다. 그중에서도 서울이 압도적으로 물량이 부족한 상황이고, 그나마 경기도와 인천 택지 물량으로 버티던 공급 부족 현상을 버티기 힘든 상황으로 보인다. 수도권에서도 외곽 지역 물량이 2024~2025년에 많은 상황이기 때문에 당분간 상급지의 입주 물량 부족 현상으로 주택 가격 상승이 이어질 가능성이 높아 보인다.

광역시들 중에서는 부산과 광주의 상황이 가장 좋아 보인다. 부산은 지난 인허가 물량이 적지는 않지만, 당장 입주 물량으로 연결되는 착공 물량이 지난 3년간 꾸준히 감소했고, 광주는 2023년의 착공 물량 숫자는 적정하지만, 그 이전 착공 물량이 적기 때문에 추후 3년 정도 안정적인 입주 물량 상황이 될 것으로 보인다.

전반적으로 지방 도시들은 생각보다 많은 인허가와 착공 물량이 있는 가운데 경남의 착공과 인허가 물량이 가장 크게 줄어들었다. 부산의 추후 입주 물량이 적은 상황에서 부산의 위성 도시들이 많은 경남 물량까지 줄어든다면, 부산권은 수도권 못지않은 입주 물량 감소가 예상된다. 또한, 앞서 언급한 충북과 전북의 일부 도시들은 입주 물량 급감에 따른 주택 가격 상승도 기대를 할 수 있을 것으로 보인다.

마지막으로 많은 사람들이 관심을 가지고 있는 대구는 확실히 2022년과 2023년 착공 물량이 감소했다. 반면, 여전히 착공 대기 중인 인허가 숫자가 적지 않기 때문에 1년 정도의 추가 물량 감소는 확인해야 안정적인 주택 가격 상승을 기대할 수 있을 것으로 보인다.

책 편집을 마무리하며 10년 전 너무나 평범한 직장인이었던 내가 독자들에게 전달하고 싶은 마지막 이야기는 바로 투자 상품에 대한 꾸준한 공부와 마인드 컨트롤이다.

많은 사람들이 경제적 자유를 꿈꾸면서 투자 세계에 입문한다. 하지만, 실제로 투자해서 경제적 자유를 이루시는 분들은 극히 드물다. 왜 그럴까?

우선은 공부가 부족하고, 경험이 부족해서다. 주변에서 돈 벌었다는 이야기를 듣고 투자 시장에 무작정 참여하지만, 정작 이에 대한 심도 있는 연구를 하지 않는다. 자본주의 시장의 움직이는 원리와 투자 상품의 개별 속성을 깨닫지 못한 상태에서 투자하면, 시장이 흔들릴 때마다 어려운 상황을 극복할 수 있는 힘이 부족하다.

또한, 빠르게 한 번에 모든 것을 이루겠다는 욕심이 앞서기 때문이다. 대한민국 사람들이 가장 좋아하는 단어가 바로 '속성'과 '단기'다. 단기적인 관점으로 투자하면 과열되는 시장에서 결국 투자 절제력을 잃기 쉽다. 결국, 욕심은 무리한 투자로 이어지고, 무리한 투자로 인해서 경제적 어려움을 겪는 경우를 종종 보게 된다.

부동산 투자에서도 마찬가지다. 부동산 투자를 위한 기초를 잘 다지고, 장기적으로 우상향하는 상품 위주로 포트폴리오를 구성해야 한다. 물론, 소액으로 틈새 투자나 테마 투자를 노릴 수도 있지만, 이런 하이 리스크 투자는 어느 정도 투자 경험이 올라온 상태에서 해야 하며, 포트폴리오 주요 구성이 되면 안 된다.

또한, 부동산 포트폴리오를 안정적으로 잘 구축했다면 이를 잘 유지할 수 있는 힘을 길러야 한다. 이를 위해 자신만의 투자 철학과 마인드 컨트롤이 필요하다.

수십 번의 부동산 매수, 매도 경험과 십수 채의 부동산을 관리하고 있지만, 나는 아직도 많이 배우고 있는 사람이다. 아직 경험하지 못한 많은 상황에 부딪치면서 이를 대처하는 능력을 쌓아가고 있는 중이다. 하지만 부동산 상승장이든, 하락장이든 내가 깨달은 부동산 투자 원칙을 철저히 지키면서 투자를 했고, 여전히 안정적으로 부를 쌓아가고 있다.

이 책을 통해 최대한 시대 흐름을 타지 않는 기본 내용을 바탕으로 지식을 전달해드리려고 노력했다. 내가 알려주는 투자 접근 방법과 스킬이 여러분들의 자산 증식에 도움이 되었으면 좋겠다. 또한, 이를 바탕으로 여러분들도 자신만의 투자 철학과 포트폴리오를 구성해서 안전한 부의 사다리를 잘 구축해나가면 좋겠다.

평범한 당신도 할 수 있는

부동산 투자로
완성하는
부의 사다리

제1판 1쇄 2024년 4월 15일

지은이 평지조아
펴낸이 허연   **펴낸곳** 매경출판㈜
기획제작 ㈜두드림미디어
책임편집 배성분   **디자인** 김진나(nah1052@naver.com)
마케팅 김성현, 한동우, 구민지

매경출판㈜
등록 2003년 4월 24일(No. 2-3759)
주소 (04557) 서울시 중구 충무로 2(필동 1가) 매일경제 별관 2층 매경출판㈜
홈페이지 www.mkbook.co.kr
전화 02)333-3577
이메일 dodreamedia@naver.com(원고 투고 및 출판 관련 문의)
인쇄·제본 ㈜M-print 031)8071-0961

ISBN 979-11-6484-669-6 (03320)

같이 읽으면 좋은 책들

오르는 땅은 이미 정해져 있다

이것이 진짜 토지 개발이다

생각하는 공인중개사가 생존한다!

신방수 세무사의 재건축 재개발 세무 가이드북 실전 편

부린이 탈출을 위한 부동산 투자입문서

신짱의 재테크 GPL 아파트 담보대출로 매일매일 돈 벌어주는 남자

숨어 있는 토지 개발로 10억 만들기

부자의 첫걸음 내 집 마련

알기 쉬운 특수 경매

확 바뀐 부동산 매매사업자 세무 가이드북 실전 편

내 집을 싸게 사는 최고의 방법

NEW 상가임대차 분쟁 솔루션

멈출 수 없는 UNSTOPPABLE

신방수 세무사의 주택임대사업자 등록말소주택 절세 가이드북

알기 쉬운 경매 실무

RESTART 부동산 투자

꼭 함직업 건물주

꼬마빌딩 건축

신방수 세무사의 확 바뀐 상가 빌딩 절세 가이드북

우대빵과 함께하는 성공 부동산 중개사무소 창업

수익형과 차익형 두 마리 토끼를 잡는
지식산업센터
투자의
정석

닥치고 현장!
소액자본으로
부동산
부자되기

신방수 세무사의
부동산 증여에
관한 모든 것

부자 경매의 시작
알기 쉬운
기초 경매

라벨과 함께 공부하는
셀프 경매
바이블

실전 사례로 풀어보는
상가 셀프
경매의 정석

닥치고 현장!
부동산에
미치다

빌라
투자
방정식

DEVELOPER
부동산 투자의 제4물결
디벨로퍼
경매

부동산 슈퍼리치만 아는
투자 비밀

월세
보증금으로
부동산 산다
반값 생활 경매 솔루션

신방수 세무사의
1인
부동산
법인
하려면 제대로
운영하라!

대박나는 부동산 중개
핵심
공인중개사
실무 교육

부동산
경매·공매
특수물건
투자 비법

거지였던 나는
상가 투자로
32억
건물주가 되었다

공매 투자,
지금이 기회다

직장인도 따라 할 수 있는
별장펜션 창업

한 권으로 끝내는
토지 투자 성공공식

임장의 여왕이
알려주는
부동산 투자 전략

'발칙한 발상'이
부동산 성공 투자를
부른다
토지, 상가의 성공 투자법

기존주택정비사업 A부터 Z까지!
미니
재개발·재건축의
모든 것

신축 미니단지로 갈라진 수 있는 시크릿 방법!

당신의 경제 탈출구가 되어줄
이기는
부동산 경매의
비밀

평생에 걸쳐 실현하는, 경매보다 투자는 계획을 할 수 있다
절대 손해 보지 않는 시크릿 투자법 공개

신방수 세무사의
이제 부동산 세금을 알아야
주택 보유&
처분 할 수 있는
시대다

투자 전, 꼭 알아야 하는
상가임대차법

Real Estate Auction
부동산 경매,
초보에서
탈출하라

우대방의 내 집 마련 콘서트
초규제 시대,
부동산 투자의 정석

2020년 이후 서울 아파트 시장을 전망한다

돈이 되는 부동산
vs
돌이 되는 부동산

신방수 세무사의
양도
소득세
완전
분석

사례로 풀어보는
지분경매

지분경매 해결 TWO 기둥
= 소송 + 협상

신방수 세무사의
부동산 거래 전에
자금출처부터
준비하거라!

부동산 관리도
경영의 시대

부동산 관리와
종합서비스

부동산 이제는 관리의 시대!

신방수 세무사의
상속분쟁 예방과
상속
증여
절세 비법

김 과장도 돈 버는
셰어하우스

SHARE
HOUSE

내 생에 짜릿한
대박 상가
투자법

신방수 세무사의
주택임대사업자
등록과
절세 비법

나는 장애를 딛고
부동산 경매로
성공했다

불황에도 매출 10배 올리는
상위
1%
공인
중개사의
마케팅
비법

GTX 시대, 부동산 투자 비법은 따로 있다!
아파트는 살고
땅은 사라

부동산 투자를 시작하기 전에 꼭 알아야 할 실전 기술
부동산
상식을
돈으로
바꾸는 방법

해외 부동산 투자,
나는 말레이시아로
간다

MALAYSIA

투자자에게 알려주고 싶은 부동산 블루오션

당신도 건물주가 될 수 있다!

원룸
마스터

원룸으로 공무원의 삶을 누리다

부동산 투자자,
계약자가 꼭 알아야 하는

부동산
실무 法
용어사전
1,000

부동산 계약 체결을 할 때
메가로 꼭 알아야 하는 부동산 거래의 핵심 단어 1,000개!

부자가 되기 위한 새로운 패러다임

부자로 환승하라
머니트레인

부동산 투자, 이제는 지하철이 핵심이다!

부동산 투자
인사이트

REAL ESTATE INVESTMENT INSIGHT

고수들이 알려주는 집값이 움직이는 원리

그는 어떻게
부동산
1인 창업으로
10억을
벌었을까?

부동산 투자의 숨겨진 진실!

돈 버는
주택임대
관리기법

주택임대관리업은
복합적인 관리업무와 경영활동이다!

10%대 수익률을 위한
최고의 부동산 재테크

P2P
투자의
정석

부동산으로 이룬
부자 꿈

잘 키운 아파트,
직장 월급이 안 부럽다!

아파트 경매,
지역 분석이 먼저다!

빼곡 사야롤
중심으로 살펴보는

대박 친
빌딩 투자의
비밀

부자가 되기 위한 부동산 요리법

정준환의
부동산
레시피

요리를 하는 것처럼
부동산에 익숙해지자!

초보를 위한 취업과 창업 완벽 가이드

잘나가는
공인중개사의
비밀노트

한 권으로 정리한 단기 속성 실전전략

新
명품 토지
중개 실무

다양한 사례와 함께 살펴보는 실무 노하우

실패 없는 부동산 패러다임

돈 길 따라가는
부동산 투자

부동산 계약·중개·등기·전세 등 알려주는

부동산
세무
Real estate
Tax
가이드북 Guide Book
실전편

개념부터 쉽게 배우는 부동산 필수 상식

돈 되는 부동산은
따로 있다

지식산업센터 투자 실전 편

부동산 투자,
아파트형
공장이
틈새다

2달 만에 월세 200만 원 받는

월세 부자
레시피

이제 당신도 부자가 될 수 있다!

직장인들도
쉽게 따라할 수 있는

新
부동산 공매
가이드북

실전편

공공임대·SH, 투자자와 자산가도 꼭 알아야 하는
부동산 매매·임대사업자 세무 가이드북
Real estate Business Tax Guide Book
실전편

나는 부동산 투자로 파산자에서 **100억 부자가 되었다**

경쟁하기 싫은 경매 투자자들의 신세계
지분 경매, 공유지분, 독점 경매
남들과 경쟁하기 싫고, 혼자 전부 독식하고 싶다!

입찰에서 취득까지, 배당에서 멀도까지
부동산 경매의 모든 것
이것이 진짜 성공 경매다

부동산 전문 아나운서의 재테크 실전법
결혼은 선택이지만 **부동산 투자는 필수다**

수익형 부동산 건축과 재테크 투자 비법
헌집 살래 새집 살래
건축을 알면 알짜 부동산이 한눈에 보인다!

부자 되는 주택 임대사업
이제 대세는 수익형 부동산이다
평생 돈 걱정 없이 사는 월세 부자 되기

돈 버는 공인중개사는 따로 있다

전세가를 알면 부동산 투자가 보인다

서울시 공정경제과 주무관이 알려주는
부동산 거래와 판례

지분 경매로 토지 개발업자 되기

부동산 재테크 **역세권이 답이다**

세무사 3인이 알려주는
세무조사 대비의 모든 것

커피 한 잔 값으로 최대형 오피스 주인 되기
리츠 월리어답터

고수익을 안겨주는 블루오션 토지 경매
신의 한 수 금맥 경매

권리분석 완전정복으로
10년 안에 10억 벌기

고수가 알려주는 물꼬 단장 땅 투자의 모든 것
대한민국을 움직이는 땅 투자 법칙 100

新 돈의 보감
평범한 샐러리맨, 투잡 경매로 **5년에 10억 벌다**
경매로 재테크하고 NPL로 두 번째 월급 받다

나는 **갭 투자로 300채 집주인이 되었다**
아파트 300채 부자 박정수가 공개하는 화제의 투자법 대공개!

토지 세무 가이드북
Land Tax Guide Book
실전편

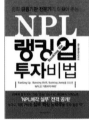

두드림미디어
경매·경반·제테크·자기계발·실용서 전문 출판 입대행사

(주)두드림미디어 카페
https://cafe.naver.com/dodreamedia

가치 있는 콘텐츠와 사람
꿈꾸던 미래와 현재를 잇는 통로

Tel : 02-333-3577
E-mail : dodreamedia@naver.com